体育学研究方法

（第二版）

（英）克里斯·格拉顿　（英）伊恩·琼斯　著
花勇民　林　俐　葛艳芳　译

北京体育大学出版社

策划编辑　力　歌
责任编辑　张　力
审稿编辑　苏丽敏
责任校对　罗乔欣
责任印制　陈　莎

图书在版编目(CIP)数据

体育学研究方法/(英) 格拉顿，(英) 琼斯著；花勇民，林俐，葛艳芳译．－北京：北京体育大学出版社，2014. 12
ISBN 978－7－5644－1844－1

Ⅰ. ①体…　Ⅱ. ①格…　②琼…　③花…　④林…　⑤葛…
Ⅲ. ①体育科学－研究方法　Ⅳ. ①G80－3

中国版本图书馆 CIP 数据核字(2014)第 301984 号

体育学研究方法　　(英)克里斯·格拉顿　(英)伊恩·琼斯　著
花勇民　林　俐　葛艳芳　译

出　　版　北京体育大学出版社
地　　址　北京海淀区信息路 48 号
邮　　编　100084
邮 购 部　北京体育大学出版社读者服务部 010－62989432
发 行 部　010－62989320
网　　址　http://cbs. bsu. edu. cn
印　　刷　北京昌联印刷有限公司
开　　本　710×1000 毫米　1/16
印　　张　17. 75
字　　数　352 千字

2014 年 12 月第 1 版第 1 次印刷
定　价　38. 00 元
(本书因装订质量不合格本社发行部负责调换)

内容简介

《体育学研究方法》内容丰富、易于理解，并且是一本非常实用的教科书，旨在为体育学专业的学生在质性研究和量化研究方法方面提供一个完整的基础。从研究项目的设计、数据收集和数据分析到报告研究结果，本书就研究过程对读者进行逐步的指导，并利用世界各地丰富的、与体育相关的案例对其进行详实的阐述。与第一版相比，全面修订的新版书包括以下重要专题：

- 选择恰当的研究设计
- 文献综述
- 重要研究技术：问卷法、访谈法、内容分析法和民族志研究
- 数据分析，包括 SPSS 软件介绍，以及描述性和推论性统计
- 撰写研究报告
- 体育研究中的伦理问题

《体育学研究方法》的编写旨在成为一本完整、独立，并且可以作为任何研究方法课程补充读物的图书，具有丰富而有价值的写作特征，包括突出重要术语的定义、修订问题、实用的研究练习，以及相关网络链接、多选问题、幻灯片和其他学习资源。

本书对所有正在撰写学位论文或进行研究项目的学生都具有重要的参考价值。

克里斯·格拉顿（Chris Gratton）是英国谢菲尔德哈勒姆大学体育经济学教授，并担任体育产业研究中心主任。

伊恩·琼斯（Ian Jones）是英国伯恩茅斯大学体育学院副院长，并担任大型活动和体育研究中心主任。

前　言

《体育学研究方法》（第一版）的出版是为了满足体育研究人员的需求，在体育科学和社会科学研究的重要问题上提供指导。自第一版发行之后，我们欣然发现，体育研究在种类、总量和质量方面都有了持续的增长和提高。新版图书的目标大致与第一版相同。

1. 激发学生对体育研究的兴趣，让学生认识到研究在发展知识方面的重要性，鼓励学生阅读进一步的研究，并最终在自己喜欢的体育领域开展研究。

2. 充当研究人员的工作手册。研究人员可以在研究过程中的不同时期查阅内容，而不是一口气连续阅读完毕。

3. 研究过程的要素与体育研究的实际案例相结合，以使理论引入与实际应用紧密联系。

尽管本书对体育科学的研究方法提供了全面的介绍，但并非包罗万象，所以我们鼓励学生进一步阅读自己感兴趣的或者是自己专业领域的其他书籍。由于篇幅有限，我们不能对所有内容进行详细的说明，例如不同类型的统计分析，但我们提供了一个概述，这对一些学生来说已经足够了。还有一些学生需要进一步补充知识，我们建议他们阅读那些常用的统计学教科书（如 Field 2009）。而那些关注质性数据的学生，可以在 Miles 和 Huberman（1994）的书中读到更多本书中没有提到的质性分析的方法。

本书的目标读者主要是学习体育相关学科的学生，包括体育管理、体育社会学、体育营销学、体育旅游、体育教育、娱乐管理和其他类似学位的学生。但本书并不针对那些从事体育科学中的自然科学研究，或兴趣在于运动生理学和运动解剖学的研究者。本书的目标读者还包括体育产业的相关从业人员，其中有的岗位需要进行研究工作（我们认为这个领域的大部分工作都应要求进行研究）。

本书的一个中心主题是做研究没有唯一正确的方式。做研究“最好”的方法需要根据一些因素来判断，比如研究问题的性质、研究者的技能、研究的预期结果、研究的时间和资源等，因此，我们需要考虑每个研究问题独有的特点。一个好的研究人员能够灵活适应这些因素，而不是拘泥于某一种方法。第二个主题是把研究看作体育知识的整合，而不是“抽象的”或无关的（从我们的经验来看，有时学生不能把研究方法课程与其个人兴趣或个人要做的研究相联系）。本书引用了一些范例来结合体育知识和研究方法，以及呈现研究过程与体育领域学术理解之间的联系。

本书结构

本书章节结构基于“研究过程”的概念。或许人们会对我们概念化的研究过程提出异议，认为它过于简洁齐整，“真实生活中”的研究过程很少遵循这样一个结构化的方式，但这并不影响到本书为理解体育研究提供有用的框架。第一部分介绍了研究的概念和研究传统，关注于基础理论和体育研究的哲学。第一章介绍了“研究”的概念，以及研究在体育学研究中的作用；第二章介绍了研究过程的概念，本书的其余部分即围绕研究过程进行阐述；第三章介绍了一些区分知识本质和知识获取的方法。

研究过程的第一步是选择合适的调查主题，第四章列出了确定和评估合适的研究问题、目的和目标的方法。第二步是围绕主题进行阅读，第五章介绍了文献综述的概念、查询评论文献的过程和撰写文献综述的格式。第六章介绍了确定适合的理论、概念和研究项目变量的重要性。第七章描述了实施研究的不同设计方案。这七章为你提供理解研究本质的重要背景知识，以及形成你自己研究的具体问题。

本书第二部分关注实施一个科研项目的研究的实际操作问题。第八章至第十一章阐述了在搜集数据中会用到的数据收集方法。我们在这几章中介绍了问卷法、访谈法和非介入性方法，以及一个特别的研究方法，即第十一章的体育民族志方法。

第三部分关注所收集数据的分析，以及研究的报告。第十二章概述了量化数据分析的技术，以及 SPSS 工具。第十三章描述了如何分析质性数据。第十四章讨论将以上内容综合来撰写研究报告。第十五章针对那些正在进行课程要求的研究的学生而编写，如最后一学年需要完成学位论文，在此我们提出了一些学生研究中会出现的具体问题。

第二版的变化

鉴于第一版的良好反应，我们在第二版避免大范围的变化。我们根据同事和评论者的建设性意见做了细微的改变。我们对研究哲学方面的内容做了扩展，对质性研究方面的操作和评估给予了更多的重视。我们补充了在第一版中被忽略的研究伦理问题。我们还对一些案例进行了更新，提供了更多关于量化研究的分析。

对本书的使用

你可能有两种使用本书的方式，第一，你可能在上一门研究方法课程，那么本书将有一个系统的教学计划。你在这种情况下是连续学习的；第二，本书可作为工作手册协助你进行实际研究，这时你可以以你自己的方式进行选择性的阅读，比如，你可能更早地阅读学生研究问题的章节。

无论怎样，我们在每章内容的最后部分都为你提供了课后活动，这些常规的活动对于帮助你学习研究方法和体验研究过程的重要组成部分是非常适合和有价值的。其他的活动更适用于帮助你完成在研项目，以及对研究进行评估。

最后，将研究视为一种机会也很重要，你可以把研究看作是你参与到吸引你的领域的机会，发展你的兴趣的机会，或者个人发展的机会，甚至可以看作对你能力全面发展的挑战。无论怎样，我们希望你享受研究过程，并在研究事业上取得成功。

克里斯·格拉顿

伊恩·琼斯

2009 年 5 月

目　录
CONTENTS

第六章　理论、概念和变量

第七章　体育学研究设计

第一章　什么是研究?

本章主要内容:

- 介绍研究的概念。
- 讨论进行研究的原因。
- 列出研究的不同种类。
- 如何处理所阅读的研究文章。

> 任何尝试对一个问题进行的诚实、系统的研究，或在一个问题上增加人类的知识的努力都可被视为研究。(*Theodorson* 和 *Theodorson1969*，引自 *Reber1995*，第 *663* 页)

> 在我看来，所有科学的目的都是相同的。简略地说，这个目的既是把先前人们所未知的变成已知的，也就是推进人类的知识进步，使知识更确定、更吻合事实……如我所说，这个目的就是探索。(*Elias*，*1986*，第 *20* 页)

引　言

我们了解了许多体育和身体活动的相关内容，比如：我们参与体育活动的多种原因，我们选择参与或观赏何种项目的影响因素。我们还知道是什么阻碍了许多儿童有规律地参加身体活动。许多研究人员还证明了体育在社会、经济领域中的重要性。我们甚至还知道在糖浆中游泳与在水中游泳相比，哪个会更快？（答案可能让你惊讶！）我们对这些问题和其他体育相关问题的理解是通过逻辑的、系统的方法，以使成功回答这些问题的概率达到最大。换句话说就是通过进行研究的方法。研究意味着“一种认真、系统地解决问题的手段”。（Thomas 和 Nelson 2006，第 3 页）。研究是任何学科的命脉，是我们体育知识的基础。Daniel Wann 认为：“高质量的研究是任何科学领域的命脉。离开它，学科将停滞发展，无法突破当前的局限和理解。”

尽管体育领域有其巨大的社会、经济、文化和政治意义，但在近些年来才逐渐发展成为学术界的一个独立领域。在这种情况下，研究是很重要的。如前所述，我们关于体育的知识是巨大的，我们知道大多数个人是通过父母、学校、同伴或大众传媒参与到体育之中的。我们知道体育发挥着许多社会功能，包括社会情绪功能、政治功能和融合功能。我们知道体育是个大商业活动，消费者和公司在体育方面花费的资金逐年上升。我们还知道在糖浆中游泳与水中游泳速度一样快（见 Gettelfinger 和 Cussler，2004），我们之所以知道这些，是因为它们是广泛体育科研问题中的一小部分，而众多体育科研问题则构成了我们体育研究项目的基础。简单查看近期发表的一些研究类刊物，包括《体育社会学杂志》《体育管理学杂志》等，都表明了已经完成或正在进行的体育研究的种类和规模。

重要术语

期　刊

尽管“期刊”这个词可以指许多不同种类的出版物，但是我们这里主要指学术刊物。学术刊物一般每年出版好几次，报告特定学科或学术领域的最新研究，比如，体育经济或体育营销。大多数学术期刊文章都要经过某种形式的审稿过程，在审稿过程中，相应领域的专家学者会对每篇文章的质量和严谨性进行评价和审核，这确保了期刊中文章的标准规范。一些体育相关期刊包括：

- 体育社会学杂志
- 体育管理学杂志
- 体育行为学杂志
- 体育与社会问题杂志
- 体育与旅游杂志
- 体育社会学国际评论
- 欧洲体育管理学杂志
- 欧洲体育管理学季刊
- 社会中的体育

以上并不是一个完整的清单，而且还有一些非体育特定领域的刊物会发表体育相关文章，所以你不能只关注以上所列刊物。这些刊物都以纸质形式出版，不过你也可以通过图书馆获取这些刊物及其之外一些刊物的电子版文章。期刊的内容索引将被编入许多数据库，你可以在图书馆进入这些数据库。因此，你可以通过与你的研究项目相关的具体关键词检索期刊文章。

然而，我们对体育的理解却远不尽然。社会、政治、科技和经济环境的变化都影响着体育并且也被体育影响着。因此，我们的知识从来不是绝对的，只有通过不断地研究，我们对体育的认识和理解才能得以掌握和提高。

但是，研究并不仅是为了学术，研究的技能也并不仅仅对希望在学术期刊发表文章的人重要。近年来，体育领域就业率的大增长催生了许多职业，对这些职业人员来说，理解和掌握研究方法是很重要的。比如，体育营销产业的工作人员可能需要具备评估特定促销战略有效性的能力；负责促进体育发展的官员可能需要评估某个社区居民不参与体力活动的原因；教练可能想识别领导风格的改变对团队凝聚力的影响；政府希望测量某特定体育赛事的经济影响，等等。研究还可以促进发展许多更一般的技能，如批判性思考，分析数据并得出结论的能力，向广大听众们传达观点的能力。

什么是研究

在开始介绍各种研究方法和技巧之前，我们有必要花一些时间考虑“研究”这个词到底是什么意思。简单查阅关于研究方法的不同教材，我们将发现关于“研究”的不同定义。暂不讨论其他定义的优点，我们在此使用一个我们自己的相对简单的定义：

研究是一个人类知识发现和增进的系统过程。

同其他定义一样，我们的这个定义本身乐于接受各种批评意见。与阅读和讨论各种教材中定义的有效性相比，你将对什么是研究有更多的了解，你不需要自己总结出一个清晰明确的定义，也能对研究形成一种理解。这种理解以及个人对研究的兴趣对于一个研究者来说更重要。

研究的特点

Leady（1985）和 Williman（2001）总结了几条研究的特点，包括如下：

- 研究产生于一个特定的研究问题、假设或现实问题。
- 研究遵循一个特定计划或程序——研究过程。
- 研究旨在通过解释事实以及基于事实得出结论来增进认知。
- 研究要求有合理的论据支持结论。
- 研究是一个反复论述的过程——它基于已有的知识，旨在推进知识，同时可能形成进一步的研究问题，以待进一步的研究对此解答。

因此，研究不仅是简单的寻找事实。如我们早些时候所说的，研究是为解答问题而进行的一个系统的调查。许多人简单地把研究与访谈和问卷调查方法等数据搜集方法相联系。但是数据收集只是广泛研究过程中的一部分，其他阶段也同样很重要。通常是如下的五个阶段。

1. 数据收集之前，研究人员确定研究问题、研究目的、研究对象，大多数情况下还要确定支撑研究的理论框架。

2. 设计如何收集解答问题的数据，使用何种方法，利用什么样本和方法论。

3. 数据收集实施阶段，使用一种或多种研究方法收集数据。

4. 分析数据阶段，即利用选取的理论框架或创建的新理论来实现研究的整体目的。

5. 报告和交流研究结果。

这些都是研究过程包含的部分，研究过程即是指导研究项目进行的各个部分。第二章将更深入地对其进行探讨。

为什么要进行研究

我们关于体育的知识都是基于研究得出的。近年来，我们通过对特定领域进行系统的调查，大幅度地增进了我们对体育的认识。

Hussey 和 Hussey（1997）提出了通过研究增进知识的方式，总结研究的不同目的如下。

- 调查现状或问题
- 针对问题提出解决方案
- 探索分析更多一般性问题
- 构建或创造一个新程序或体系
- 解释新现象
- 产生新知识
- 以上目的中两种或多种的结合

每种目的都可以富有成效地适用于体育的众多不同方面中。研究的另一个目的同样富有效果，即能够促使你参与到你感兴趣的体育领域之中，以增加自己已有的知识。在特定领域进行研究是提高你对感兴趣领域认知的最好方式之一。或许你希望增强在体育某领域的就业前景而进行一项具体的研究，比如学生的学位论文等，也通常是向雇主证明你在某领域兴趣和能力的一种优选途径。

不同的研究类型

有几种不同的方式对研究进行分类，如根据研究目的、数据收集方式以及数据的分析方式等。现有的四种基本类型是探索性研究、描述性研究、解释性研究和预测性研究。

【探索性研究】探索性研究发生在对某一现象几乎没有相关知识。因此，在进行具体研究之前需要一个最初的探索。这类研究寻找现象的线索，试图理解一些合适的概念，在没有已知的认识和解释的情况下寻求数据体现的模式和观点。

研究者调查因特网对体育组织的影响就可能是探索性的研究，因为并没有已经建立好的理论模型可以直接使用。在探索性研究之后需要进一步研究检验其中产生的观点或假说。

【描述性研究】描述性研究描述一个特定现象，关注发生了什么问题，发生了多少问题，而不是发生的原因。因此，查明多少人参加了 2008 年奥运会，男运动员数量是否比女运动员多就是一个描述性研究的例子。这里并不试图解释这一结果，而是简单的报告陈述。

【解释性研究】这类研究涉及解释事物为什么发生，测评变量间的因果关系。因此，更多男运动员参加 2006 年冬季奥运会，对其原因感兴趣的研究人员就可以进行解释性研究。解释性研究要求具备某种理论框架，以从数据中演绎出解释。理论和概念框架将在第六章深入讨论。

【预测性研究】预测性研究基于解释性研究的解释预测未来现象。因此，上面引用的解释性研究的结果可以用来预测 2010 年冬奥会参加人员的性别差异。

纯理论研究与应用研究

我们以上所说的各种研究类型也可被置于一个**纯理论**研究到**应用研究**的连续统一体上。其在连续统一体上的位置据情况而定。在连续统一体的一端，纯理论研究探索一个特定的概念或事件，而不考虑具体的问题，其研究只是为了对整体概念有一个更好的理解，比如对常用的教练行为模型的完善。这种研究本身对知识领域探究有所贡献，但没有直接、立即的价值。

而应用研究则是为了解决具体问题或为了一个实际问题提供解决方案。举例来说，某体育组织想考察潜在市场，通过研究判断体育服务与体育产品需求，或者研究解释为什么个人短时间参与健身项目后会退出。

Thomas 与 Nelson（2006）和 Yiannakis（2000）都认为，如果研究者对它们研究的“价值”感兴趣，他们就应该准备“超越学术范畴”检验其研究结果（Yiannakis 2000，第 119 页）。

因此，倾向于纯理论的研究应进行后续研究使一些研究成果得以应用到“现实生活”中。然而，事实上，倾向于“纯理论”的研究在“学术圈”中会更常见。但只要研究的写作方式并不阻碍一些人发现其结果的有用性并将其应用于自己的研究中，那么即使这样的研究也将有机会发挥其实践价值。（Ingham 和 Donnelly 1992）。

初步研究与次级研究

我们也可以将研究区分为**初步研究**和**次级研究**。初步研究指对特定研究项目进行原始数据收集的研究，比如通过问卷或访谈等研究方法收集数据。次级研究指并不涉及到原始数据收集，但研究项目利用现存的数据资源（次资源/二手资源），如官方统计或档案数据。大多数研究项目在其文献回顾部分（参阅第五章）建立和评估先前研究项目中的数据收集类型时都包括次级研究因素。

理论研究与实证研究

我们也可以以理论研究和实证研究进行区分。理论研究一般对现有研究结果通过理论分析与解释发展新观点。这些新观点并不通过收集原始数据证据来检验。而实证研究则通过数据收集来支持新观点的形成（实证指利用观察或测量，而不是理论推断）。因此，研究人员通过查询图书馆、以及阅读先前成果形成自己的解释，发展关于体育迷暴力理论的研究即理论研究。而如果研究人员进一步收集数据检验理论解释的研究便是实证研究。尽管理论研究有其优势，但我们建议你在可能的情况下应收集原始数据，从实证方面支持你的研究结果。

对于研究的错误概念

描述关于研究的一些错误概念与界定研究意义一样有用。

- 我们概念中的研究并不简单的是汇集已有的信息。阅读一篇关于大型体育赛事的经济影响与做笔记并不是研究；收集已有信息，写一篇夏季奥运会经济影响的文章，也不是研究。
- 研究也不简单是新数据的收集。你可能对个人参加竞技网球比赛的原因很感兴趣，但简单地走访网球俱乐部并进行咨询也不是研究。
- 研究不是基于个人经验着手证明某一观点的正确。比如，你不观看大型体育赛事是因为票价的原因，决定证明票价是阻碍观赛参与的最重要原因。
- 研究并不一定是完全创新性的生产。学生们听到研究中有一些创新性发现的要求，往往会有些气馁，他们常常高估创新的意思。研究可以是用新的现实情况检验已有的理论，这也是生产创新性研究结果。Veal（2006）说过，有许多不同的方式可以使研究有创新性，比如在一个不同的地理区域检验已有的结论，或用一种不同的方法重复一项已进行过的研究（参阅第四章）。产生出有实际意义水平的创新知识一般是研究生学位层次的要求，如研究型硕士或哲学博士。

■ 研究并不总会涉及到一个问题。许多教材（包括本书）都常使用“研究问题”这一术语。尽管研究常常涉及到解决某一问题，但它也能仅仅是推进人类知识的范围或探索研究者个人有兴趣的议题，在理论研究中尤常如此。

理解体育研究

大量阅读体育期刊中的实际研究是迄今为止形成你对本领域最初理解的最好方式，尽管研究的教科书会提供必要的理论基础。但 Worsley 认为（1992，第 79 页）他们确实还倾向于“展示出不真实的，理想化的研究”。他还认为：

在监督指导下进行研究是促进研究方法学习的最好途径，也是最需要付出努力的途径。大多数学生在阅读一本书或一篇文章时把绝大多数注意力集中于文章中采用的理论、概念以及整体论据，有些人关注于实际结论，但很少有人注意到研究方法。尤其是结果是统计结论或以表格形式呈现时，人们就更不会注意其研究方法。但是，只要我们简单的关注研究如何完成，重要结果有哪些，并评估这些结果是否能支持文章结论，如此比大量阅读文章令人受益更多。

本章结尾建议的活动包括阅读与评估一些体育研究。此活动不是一劳永逸的事情，而应不断尝试进行。你将发现，随着你研究知识的增长，你能够更自信的评价一项研究，评估其采用的方法论和方法，更清晰地识别出一项研究的优缺点。刚开始时，这看起来是困难和令人畏缩的任务，尤其是阅读某一领域专家写的研究时更是摸不清头脑。这时，你需要坚持，因为你的付出是值得的。不要被复杂的统计分析或令人费解的学术写作所阻碍（尤其是那些基于偏社会学理论的研究文章），最初你应该找没那么复杂的文章，尤其在你不是那么熟悉的研究领域。

重要术语

如何阅读研究文章

如前所述，在你的研究生涯之始或许会认为阅读研究文章是一项艰难的任务。*Tomas* 与 *Nelson*（*2006*）和 *Baker*（*1994*）提出了阅读研究文章时应谨记的一些宝贵的忠告。

1. 有针对性地查找和阅读你认为易读或熟悉领域的文章。如此一来，此领域常用的概念和术语就不再是什么大障碍了。而且很可能你可以把握所阅研究文章的整体目标。同样，你应该避免那些你不熟知的领域，比如说你的专业方向是体育管理，那么就避开运动心理学的研究。

2. 阅读你感兴趣的研究。刚开始不要强迫自己读透每篇文章。当你发现对一篇文章没兴趣时，要勇于放弃阅读这篇文章，而不是强求费力地阅读。考虑一下你对哪些领域感兴趣，在开始阶段集中阅读专业相关的文章。如果你决定以社会学研究为重心，并对奥林匹克运动感兴趣，那么就搜索一些奥林匹克运动会的社会学相关研究。如果你对特定运动项目感兴趣，那么就搜索此运动项目方面的文章。

3. 阅读摘要优先。摘要使你无需阅读全文即可判断此文章是否可选。如果阅读摘要后，你对这篇文章不感兴趣，那就转向另一篇文章。

4. 识别研究问题和研究目标。研究问题是一个清晰明确的假设还是模糊领域的调查？研究的整体目的是什么？目标是什么？对此论题研究为何重要？

5. 研究人员选择特定环境或样本的理由是什么？数据是在哪里获取的？从谁那儿获取的？如果选定的样本是儿童或老年人等特定人群，你能将所选样本推论到整个研究问题吗？这一样本选择的优点和局限分别是什么？

▼

6. 数据收集采用了何种方法?数据收集情况如何?对研究对象进行访谈、问卷还是观察法?为何选择这种或这几种方法?

7. 最重要的研究结果是什么?确定作者在文章中的最重要结果。这一结果对谁重要?为什么?这些结果与整个研究问题如何相关?结果是否暗示本领域需进一步研究?

8. 不要过度关注统计分析。刚开始不要过度关注使用了何种检验或其显著性水平,尝试着简单确定研究结果的整体意义。

9. 持批判性态度但要保持客观。你或许认为批判性的评价研究很困难,尤其是考虑到大多数期刊评议过程中已经筛除了有疑问的文章。但还是应尝试着去评价研究的优点和局限。如果是你若做此研究会有何不同?

学习研究的第二种途径是亲身操作。尤其是你要进行的一次性重要研究,比如本科或研究生学位论文。在此之前,最好在你练习研究方法期间,试着完成一个小的研究项目,如此可作为研究热身,并意识到研究过程、研究中的潜在困难以及所需的时间精力耗费。

重要术语

摘　要

研究报告常以摘要开始。摘要是一个很短的部分,一般有100~200字,它概述了研究目标,收集资料的方法,收集数据资料的样本和主要结论的概要。摘要有助于研究人员在无需阅读全文的情况下判断本研究是否对自己的研究有价值。

本章小结

1. 研究的定义有很多，但对研究本质的理解比定义研究更重要。

2. 研究对任何学术领域和学科的进步都很重要。

3. 根据研究目的，研究可被分为探索性研究、描述性研究、解释性研究和预测性研究。根据研究结果对现实情况的应用水平，研究可被分为理论研究和应用研究。

4. 研究可能需要收集新数据（初步研究）或使用已存在的数据资料（次级研究）。

5. 理解研究、研究作用和研究类型的最佳途径是阅读。选择一些合适的文章，开始阅读吧！

活 动

你应该熟知自己兴趣领域的重要刊物。如果你对体育管理感兴趣，那么你至少要阅读体育管理期刊或其他相关期刊中的一篇文章。当你发现一篇可以轻松阅读的文章时，带着以下问题开始阅读。

1. 研究提出的问题是什么？

2. 作者是如何回答此问题的？

3. 本研究是何种类型？探索性研究、描述性研究、解释性研究还是预测性研究？是纯理论研究还是应用研究？

4. 研究如何增进了我们对体育的认识？

5. 一旦对研究方法有进一步熟知，应再阅读这篇文章，试着识别研究的优缺点。

你也应该开始你的研究日记。日记中应记录对你研究重要的一切信息，从最初头脑风暴形成的观点到潜在受访者的具体信息。这样的日记将成为极其有用的资源，你应该确保其越详细越好。

日记可包括如下内容。

1. 你与导师或监管人员会面的内容总结。
2. 与研究相关的观点，如潜在信息源或可能的研究方向。
3. 提出的问题，以及如何解决此类问题的观点。
4. 短期和长期目标。
5. 研究过程的一般思考。

延伸阅读

因为以上所述的活动内容非常丰富，本部分不再为本章推荐特定的读物。但是在本阶段，你应阅读你所选问题领域的相关文章读物，开始形成自己研究的一些观点。

第二章　研究过程

本章主要内容：

- 介绍研究过程的概念
- 概述研究过程的不同阶段
- 描述整个研究过程中各阶段的相互关系

引　言

当我们考虑到研究时，许多人会马上想到通过访谈、问卷或其他方法收集定量或者定性的数据。尽管这种一手数据收集是许多研究项目的重要部分，但研究过程却不是仅此而已。更确切的说，数据收集只是整个研究过程的阶段之一，在数据收集之前之后都包括其他重要研究阶段。本章介绍“研究过程”概念，描述研究过程的各个构成要素以及构成要素之间的关系。在研究项目开始之前对研究过程各个构成要素的理解相当重要，如此才能对整个研究有一个全局认识。

研究过程

以下所述的研究过程是实施研究的一般模式。现实中的研究过程多少比这个模式复杂，你将发现很多情况下你都不能完整地按照齐整的研究过程逐步地进行研究，而是几个构成要素间来回不断反复，或同时进行两个或更多的研究过程的构成要素，在进行偏向解释性或质性研究时尤为如此

（参阅第三章）。尽管存在着不同的研究模式，包含着不同数量的阶段，但大多数所包含的构成要素大概相同。本书介绍的研究过程包括八个构成要素（图2－1）。

我们应认识到研究过程中的各个阶段并不是相互孤立和分离的，而是作为研究过程整体中的部分。有时，某些方法论方法中研究阶段顺序会有所不同，如质性研究项目可能包括一个文献综述、数据收集和概念框架构成的连续的整合过程。因此，你应依据所做研究的性质来灵活把握。

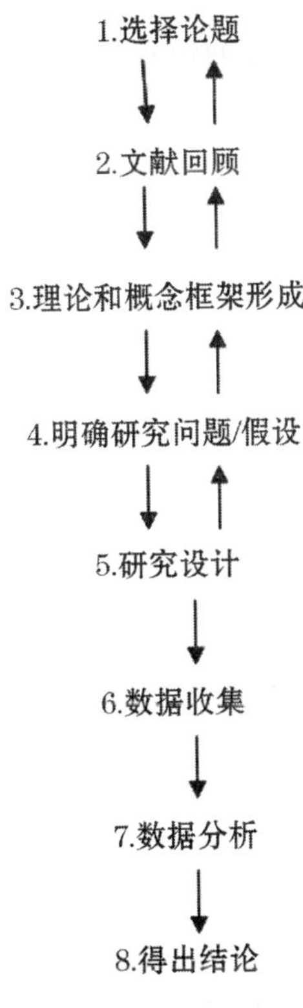

图2－1　研究过程

无论使用何种方法，保持整个研究项目的连贯性或者说是其“金线”“垂直思路”十分重要（译者注：各种语言表达方式不同，在英语中是“金线”，在德语中叫“红线”，基本含义是主线）。这个主线即是研究问题，整个研究过程的所有部分都应与回答此问题相关。本章将简略概述研究过程的各阶段。本书后续章节将更深入对研究过程的各个阶段进行介绍。

第一阶段：选择论题

研究开始阶段，最耗时的工作就是选择论题，形成初步研究目的和一组研究目标。研究问题的选择至关重要，不恰当的论题或问题常致使研究后期产生无法挽回的麻烦，因此我们应仔细认真地对待选题阶段。但是，在本阶段你还无法形成自己的最终问题和最终一组研究目标，第二阶段和第三阶段对促进问题形成和更充分评估问题起着重要作用。我们将在第四章更深入地讨论形成研究问题的相关事宜。

第二阶段：文献综述

第五章将更深入介绍本阶段的内容。从本质来说，文献回顾包括批判性阅读、评价和组织现存的相关文献以评估本领域的研究现状。你应在本阶段努力成为你所研究领域的“专家”。文献回顾通常伴随着理论和概念框架的构成（研究过程的第三阶段）。广泛阅读还可以提醒你其他有用信息，比如前人是否已经进行过类似的研究，其研究结果是否与你的预期结果相同，或类似研究的理论框架的描述，以及采用的是哪种方法论。

第三阶段：理论和概念框架形成

阅读文献期间，你应不断构建和完善你的理论和概念框架。我们常常由于急于收集数据而忽视了这个阶段的工作，然而，这一阶段是研究过程的重要部分，提醒你注意可能发生的问题。你的理论框架指你所选择的用以支撑研究的基础理论方法，如社会学习论（social learning theory）或自我效能理论（theories of self-efficacy）。概念框架界定和组织了研究中的重要概念。第六章将更详细讲述本阶段的相关内容。

第四阶段：明确研究问题

许多情况下，研究过程中的第一、二和第三阶段起初会成为一个循环的过程，在这个循环过程中，我们对最初的研究问题进行选择、调查，并常因各种原因而舍弃研究问题，原因例举如下：

- 问题不够集中。
- 概念框架在定义或测量相关概念时存在问题。
- 过多的调节变量和中介变量。
- 研究项目的复杂性、可接触性、设备或资源的不可实施性。

第一阶段到第二阶段可能花费的时间比预想的要长，你或许会因无法确定一个好的问题或假设而感到沮丧。形成恰当的问题并没有简单的方法，而是需要一种坚持。一旦你能想出一个好的、清晰集中的研究问题，研究过程的其他阶段将基于回答这一具体问题。在本阶段，形成清晰集中的问题以及一组研究目标的重要性再怎么强调也不为过，其常见错误是研究的整体目的不清晰，如此一来，整个研究便无法保持“垂直思路”。

第五阶段：研究设计

确定了明确的研究问题，下一步要考虑以下两个问题。

1. 我需要收集哪些数据来帮助回答这一问题？
2. 收集数据的最好方式是什么？

本阶段不仅要考虑收集数据的实际方法，如选择问卷调查法还是访谈法，还要考虑许多更宽泛的问题。研究人员考虑的典型问题包括：

- 我应采用何种整体研究设计？横断设计、实验还是纵向设计？
- 应收集原始数据还是使用次级数据更合适？
- 采用哪些方法收集原始数据最佳，如访谈法、问卷调查法等？
- 哪些人应参与到研究之中？如何使其参与？
- 为确保收集数据的信效度，应进行哪些具体的操作程序？
- 研究中是否涉及有关伦理的问题？

以上问题将在第七章以及本书的其他部分深入讨论。

第六阶段：数据收集

研究过程中第四阶段和第五阶段需要明确的问题一旦得以解决，随后，你应对收集哪些资料以及如何收集资料有一个清晰的思路。你必须考虑选择何种方法论以及使用方法论中的何种方法。下一章将深入讲述此类背景知识，第八章到第十一章将讲述资料收集的实际操作问题。

第七阶段：数据分析与结果讨论

第六阶段中收集的数据需经过分析，为研究问题提供答案。数据分析方法应与研究目标保持相关，也就是说，你的分析应该能够回答研究问题或研究假设。在结果讨论中，你应参考第二阶段所综述的文献，比如，研究结果对文献有何贡献？这些结果支持先前文献的观点吗？如若不能，原因可能是哪些？本阶段的常见错误是，人们在讨论研究结果时不再参考第二阶段中构建概念框架所综述的文献。第十二章讲述量化分析相关问题，第十三章将讨论你在质性数据分析中可能用到的方法。

第八阶段：得出结论

结论应结合先前明确的研究问题，本阶段应清晰的陈述研究问题的答案。你可以评价你对研究目标的实现情况，以及阐明本研究的优缺点。你还可以为进一步的研究提出建议。

本章小结

1. 研究并不仅仅是数据的收集。数据收集尽管重要，但其仅仅是更宽泛研究过程中的一部分。

2. 研究过程包括八个阶段：选择论题、文献回顾、形成理论和概念框架、明确研究问题、形成研究设计、资料收集、资料分析与得出结论。

3. 遵照研究过程实施研究项目能促使你系统地、有条理地回答研究问题。

活　动

挑选一篇在第一章课后活动所阅读的研究文章并再次阅读。你能分析其研究过程吗？这一研究是否遵循了所讲的研究过程？你是否能够轻松识别其研究阶段？

延伸阅读

在本阶段进一步强化阅读有益于你对体育研究的不同方式、社会中体育的多样性和多角度的思考。找出你所在领域的重要教材和期刊，尽力熟悉本领域涉及的论题范围，以及这些论题现存的重要理论和观点。推荐以下教材供你翻阅：

Coakley, J. (2009) Sport in Society: Issues and Controversies, (10th edition), Boston, MA: McGraw-Hill.

Coakley, J. and Dunning, E. (eds) (2000) Handbook of Sports Studies, London: Sage.

Houlihan, B. (2007) Sport and Society: A Student Introduction (2nd edition). London: Sage.

Jarvie, G. (2006) Sport, Culture and Society, London: Routledge.

或许你想浏览一些期刊，可以尝试阅读你感兴趣领域的专门期刊，如《体育社会学杂志》（Sociology of Sport Journal）或《体育管理杂志》（Journal of Sport Management）。通过以上阅读，你应开始考虑真正使你感兴趣的体育领域，并熟悉这些领域已有的研究。

第三章 研究传统

本章主要内容：

- 概述支撑研究过程、以本体论（ontology）和认识论（epistemology）视角解释事物的常用哲学方法。
- 描述实证主义研究、解释主义研究、质性研究、量化研究、演绎研究和归纳研究的特点。

引 言

第一章中，我们曾讲过体育相关研究的目的之一是增进我们的体育知识（knowledge）。然而，“知识”（knowledge）一词看似相对简单，“知识”（knowledge）到底是什么以及获取“知识”（knowledge）的手段方法还有很多争论。在介绍体育研究实例和研究设计与管理中的问题之前，大家先了解一些基础哲学问题很重要。对知识原理的学习即本体论，对知识获取方式的哲学学习即认识论。尽管你认为你的研究项目与哲学辩论缺乏直接关联，但是我们还是认为这些领域的自觉辨析的意识很重要，原因有三。

1. 在所有研究中，关于不同研究方法的讨论往往都很重要，只是其在不同研究中的重要程度不同而已。因此，具备一般的本体论和认识论意识很重要，这样你在阅读和领会研究人员观点以及他们的重要决定时，才能理解不同研究类型的内在假设。

2. 这种理解有助于你判断回答研究问题的最恰当的研究设计。因此，如果你对探究事物为何发生感兴趣的话，采用解释性方法、归纳法可能更合适。而若你对描述、对比或度量感兴趣的话，那么，实证主义的演绎法更恰当。

3. 或者根据你自己的倾向，你可以关注那些更适合采用你自己的本体论和认识论方法来研究问题。

值得注意的是，你不能因过度关注本章提及的问题而牺牲研究过程中的其他部分，尤其是研究新手更应注意这个问题，应注重培养对研究过程的整体意识和理解。在你确定研究问题后，一些问题对你更有意义时，本章值得再次阅读。

知识的本质

现存的两种通往知识本质的主要方法如下。

1. 实证主义。
2. 解释主义。

以上两种主要方法有其不同的认识论和本体论假设（见重要术语），适合回答不同种类的研究问题，研究人员相应采用不同的后续方法论，收集不同性质的数据，以及对数据进行不同的分析与解释。

重要术语

本体论和认识论

■ 本体论指存在的原理和现象的本质，例如你考虑研究教练的执教效果，那么在这一研究案例中到底要研究什么内容？是运动队的表现，教练执教过程的情况？还是接受教练指导人群的观点？你对此的回答将反映你的本体论观点。

▼

■ 认识论是哲学的一个分支，它解决以何种方式获取各种现象知识以及什么能被视为知识这两个问题。因此，能否采用运动员的观点作为证据来解答研究问题呢？这就属于认识论要解决的问题。

实证主义

实证主义是一种思想学派，认为唯一“真实”有效的知识形式是“科学的”，即利用自然科学的原则和方法（如化学和物理学）研究人类行为，且从本质来看，人类行为本身是客观实在的。化学家观察一种化合物添加到另一种化合物的反应，精确观察或测量数据，总结自然法则；与此相同，社会研究人员可以观察人类行为，测量“事实”，形成行为“法则”或理论。这些“法则”可以被应用到其他背景环境中解释或预测未来的行为（社会学家的早期目标之一就是努力形成一些这样的“法则”，有朝一日可以预测人类行为的各个方面）。感觉、情绪、信念等概念不能直接观察或测量，具有不可靠性和不持久性，因此它们在研究中没有一席之地。而实证主义者假定体育环境在不同时期或背景下相对稳定。在稳定背景下，对“事实”精确的测量和分析将促使体育相关理论的发展，并通过以后的进一步测量来验证。测量本身应客观，不受研究人员价值观念或个人解释的影响。其他研究人员可以看到同样的证据并据此总结出相同的结论。这种获取知识的途径需要进行精确的测量，并且是研究人员可控制和可操作的测量。这种准确测量使得研究可进行统计分析以提出公正、精确的答案。认真的研究设计可以得出因果关系，如 X 导致 Y 的发生。最后，整个调查过程是客观的，研究人员对研究发现和结果没有任何个人影响。这种方法有许多特点，包括：

■ 可控制。研究人员能够控制一个变量，评估其对另一变量的影响，如特定比赛中，大量现场观众对射击表现的影响。研究人员可以控制观众的数量，测量观众人数和射击表现，总结数据，得出推论。

■ 可复制。若解释某一现象，无论如何重复实验，其结果应相同。即观众人数的增加必须总是导致射击表现的下降。

■ 假设检验。实证主义研究包含创造一个假设，并系统地检验假设。

毋庸置疑，实证主义的方法有其优势，尤其是在精确性、可控制性和客观性方面，如通过精确的控制和测量可得出 A 导致 B。统计分析的解释十分清晰，不需要很多个人或直觉的解释。实证主义研究的计划通常更简单，数据一般一次性收集完毕，所有数据同时分析，因此这种研究比较容易预测时间进度以及制定研究计划，致使其风险性小，尤可减少学生研究的风险。在阅读文献时，你可能会注意到早期体育相关研究中实证主义研究是占据主导地位的。尽管实证主义方法依旧保持其清晰明显的特点，但由于以下原因，其他研究方法也越来越普及了。

重要术语

假 设

一般来讲，假设与量化研究相联系，其本质上是基于现有知识的预测结果。例如，“高收入水平与参与户外运动的高频率呈正相关”即是一种假设。

研究项目也可采取零假设，零假设认为调查中变量间没有任何关系，然后利用统计分析来检验零假设（第十二章将更深入分析这一问题）。体育研究中有一些零假设检验（*NHT*）研究，*Greenwald* 及同事（*1996*）列出了这种方法的局限，值得关注。他们认为：

1. 由于对人类行为所受的影响有复杂性，零假设几乎不可能完全正确。零假设拒绝（*null hypothesis rejection*）常作为证据支持研究人员的理论观点，现实中，“当研究人员的理论不正确或不相关时，依然存在一种可能即实验检验将对预测方向产生一个零假设拒绝”（*Greenwald* 及同事，*1996*，第 *176* 页）。

▼

2. 零假设检验并不能确定效应量，而仅是判断自变量对因变量是否存在效应，而效应的程度很可能非常小。

后实证主义

后实证主义方法与实证主义非常一致，一般人们并不认为它们是两种不同的方法（Brustad 2002）。后实证主义的主要原则是：首先，我们需要认识到，在现实中通过测量和观察，我们不可能获得完全客观的理解和认识，实证主义方法有其固有的缺陷。第二，这种方法认为理论无法得到证明，只能证伪。举例来说，如果你采用了实证主义方法，你可能会证明你的假设是正确的，如假设“所有天鹅都是白色的”，为了检验此假设，你必须观察每只天鹅的颜色，而这本身就是无法完成的任务。其次，你也不能确定未来新生的天鹅是否将是白色的。因此，完全接受一个假设几乎是不可能的。另一方面来讲，只要看到一只黑天鹅即可完全拒绝这一假设。因此，检验理论的最好方式就是重复检验。最后，后实证主义方法对不同的方法论方法更加接纳，采用量化方法，也采用质性方法，强调使用多种方法和多种途径来审视单一现象。

解释主义

实证主义方法的局限显而易见，在其局限中孕育形成了另一种思考方法，更确切地说是相关思考方法的集合，即解释主义思考方法。体育社会学创始人之一 Norbert Elias（1986，第 20 页）曾提出以下观点。

自然科学家和笃信自然科学法则的科学哲学家，倾其所有智慧和社会力量，来促使大家信服自然科学的“方法”……是进行科学发现唯一合理的方法。而这一观点的辩护者通常很少有社会科学研究经验……因此，我们需要清晰和明确地讲，在社会学领域中，采用不同于自然科学的方法也可能增进知识和做出发现。正是研究发现，造就了科学的研究，而不是研究方法。

拒绝实证主义方法的主要论点是体育是一种社会现象，许多外界社会力量都影响着那些参与、观赏和管理体育的人们，而他们并不是无生命的客体，他们也可积极自主地回应这些外界社会力量，他们的行为可以被理解为因果关系。

不同于自然科学的物质对象，在体育现象中，我们都有不同程度的自由，以不同的方式采取各样的行为，所以我们无法预测 X 是否总是会导致 Y 的发生。实证主义并不考虑与这种自由有关的无形概念，如感觉或情绪，以及这些概念在解释我们体育行为中的作用。这些概念构成了解释性方法的基础，这种方法认为这些概念很复杂，无法折算为数字形式，所以其不以数字形式进行测量，而是使用词语、陈述等非数字形式的计量，并从参与者的角度收集数据。研究人员随后解释数据，试图揭示其含义、价值和解释等。这种方法还避免了寻求“真相”，而是寻求理解。解释性方法也有其自己的优缺点，优点在于这种方法使得研究人员获得一种内部视角，“从内部”了解研究对象。这使得那些在实证主义方法中可能会遗漏的概念得到识别或解释。

研究人员可以通过采用解释性方法进行探索和说明，而不是从数据中推论。因此，实证主义方法能够说明 X 和 Y 之间关系，而解释性方法可以从被调查人的视角描述和解释两者的关系。这些都是解释性方法的优势，然而实证主义认为解释主义有所不足，他们认为：解释人们思想和感觉的主观性导致其信度（reliability）、效度（validity）、可靠性（trustworthiness）、确实性（credibility）和真实性（authenticity）受到质疑（本书其他章节将对这些概念进行说明）。解释性研究结果一般不能在其他背景下进行推论，并且其要求收集信息所需付出的时间相对更久，所需要的资源相对更多。研究人员进行研究时必须考虑这一因素，学生研究项目尤其需要注意。

有的作者注意到了宽泛的解释主义范式中的其他范式（它们常被称为后实证主义方法）。因此，就有了你可能遇到过的批判理论（critical theory）、现象学（phenomenology）、建构主义（constructivism）、批判现实主义（critical realism）和批判解释主义（critical interpretivism），此处只做部分列举。批判理论强调一定历史的社会结构中社会“现实”之间的关系。建构主义和现象学方法认为多种现存现象在特定背景中构成。研究人员研究这一背景下个人是如何“构建”现实的。

现实主义认为存在一个“真正的”事实等待发现，尽管事实有其局限性，然而这一事实的发现需要结合实证主义和解释主义的方法。批判解释主义是一些重叠构成要素的混合：史学（historiography）、民族志（ethnography）、比较、调查、批判社会学和“奇闻趣事记录法”（gonzo）（“gonzo”是一种特定的方法，研究人员尽可能的接近研究对象而不成为其中一员，以这种视角进行生动个性的描述。）如你想获得更多这方面信息，我们建议你阅读更多的专家文章，如前四种方法阅读 Lincoln 和 Guba（1985），批判性解释主义方面信息搜索 Sugden 和 Tomlinson（1999）。

量化研究和质性研究

我们提到过不同种类的测量与实证主义和解释主义方法是相关联的，这使得我们研究中进行了第二个区分，即量化研究和质性研究的区分。其不在于知识性质的基础原理问题，而是研究人员收集数据的特点差异。先前的讨论中我们还提到过，知识的性质是如何导致选择不同的假设的，而这些不同的假设又会被转化为对不同类型数据的选择。

实证主义认为人类的行为可以被观察，以及客观地测量和分析，这种客观测量通常是数字形式的。使用数字测量和分析就是量化方法，即包含可度量“数量”的研究。因此，若你对体育经济投入与接下来取得成功之间的关系感兴趣，你可以通过测量对特定体育项目投入了多少资本以及奥运会或其他大型赛事中本项目的奖牌数。这会为你提供一组数据，然后分析判断两者是否相关，这就是量化研究。两个变量都可直接测量，易转化为数字形式进行统计分析，因此量化研究与实证主义方法紧密相联。

个案研究

实证主义量化研究：高风险运动参与者

Shoham 及同事（*1999*）研究了身体受伤风险较高的体育活动，如高空跳伞（*sky diving* 作为一种运动，严格意义上说这项运动讲究的是跳伞后在降落伞包打开前的那段自由落体的过程）、深海潜水以及跳伞运动等的参与模式。要注意，此领域的研究大都是解释性的，探索其参与的意义和价值，而他们研究的是影响参与因素的模式。现有文献识别出了一些看来与参与相关的概念，比如友情就与作为团队一员参与活动的重要性相关，是与他人分享的经历。这一概念通过调查对象对三个条目进行从 *1* 至 *7* 范围内的打分量表达到概念的量化，并由三个问题的平均分数得出友情的总分。据此，可识别出友情的重要程度和参与频率的直接统计关系，即团队对个人来说重要性越强，其越倾向于在现在以至将来去参加这一活动。

另一方面，质性研究旨在描述无法量化的含义或特征，如感觉、想法、体验等，而这些概念常与解释性方法相关联。质性研究采用在持续时间段内收集的非数字化数据，进行分析以描述和理解概念。这些概念很难转化为有意义的数字，因此，研究人员对词语形式的相关数据进行解释。与量化研究不同，这与“多少”这一概念无关，Krane 及其同事（1997，第 214 页）认为：

“经历”条目后的频度相当于对重要程度的表达，因此，由数字推测出“经历”的价值。在许多情况下，次数少的经历并不比其他经历的意义、用处和重要性小，有时，次数少的经历可能是最有启发性的。表 3－1 中总结量化研究和质性研究的特征。

体育研究中质性研究的壮大

在特定研究领域如运动心理学中，实证主义和量化方法在早期研究中占据主导地位，通过在实验室进行对照实验测量行为，总结人类行为“法则”。这些研究大都能提供有用的信息。而近些年，人们开始承认对与行为相关的潜在的体验、感觉和情绪的认识需要。因此，质性研究在体育研究中日趋重要，现在这种质性研究已经不再被视为比量化研究“低级”了。

个案研究

解释主义质性研究：通过体育运动对严重精神疾病男性患者认同感的重建

精神疾病及其带来的缺陷和功能障碍的描述可能威胁到个人的认同感和自我感。*Carless* 和 *Douglas*（*2007*）通过解释性研究调查了参与体育运动是如何重建认同感的。研究人员并不是选择了可用统计学检验的实证主义方法对效果进行测量，而是利用解释性研究，由此参与人员的看法、感觉、想法和情绪便更为恰当。利用大量详细的方法论，他们归纳出了三种情况。首先是行为描述，参与者通过简单的做些动作而不是先前的静止状态，表现出对机会的重视。第二是成就描述，即体育运动使参与者产生成就感、满足感和提高感。最后，关系描述产生，也就是说体育运动促使其分享经历和进行社会交往。这些概念并不能被测量，但其产生于参与者，使得他们的看法得以被解释。本研究作者指出，这些看法是动态易变的，若重复本实验或是不同研究人员进行实验时都可能发生改变。但是，解释性方法确实能够在体育运动参与如何有益于精神疾病者，帮助研究人员从参与者视角具体了解这些过程，提供有价值的见解。

表 3－1 量化研究和质性研究的特点

量化研究	质性研究
■ 采用数字分析来测量社会现象，揭示“事实”	■ 依赖非数字化分析提供解释
■ 假定存在唯一客观的社会现实	■ 假定社会现实是一种主观体验
■ 假定社会现实在不同时期和背景下是恒久不变的	■ 假定社会现实不断在构建中，并与当前社会环境相关
■ 利用统计分析确定因果关系	■ 目标在于描述、理解和含义
■ 研究样本并意图将其推广到总体	■ 采用很小的样本或是“案例”
■ 研究人员对调查对象保持客观和“分离状态”	■ 数据丰富，有主观性
■ 调查背景是人为设计的	■ 研究场所是自然的
■ 利用无生命物体收集数据，如纸和笔	■ 灵活的方法收集数据；常为非传统方法，如内容分析
■ 与实证主义方法相关联	■ 研究人员就是数据收集的工具
■ 通常是演绎的	■ 与解释性方法相关联
	■ 通常是归纳的

个案研究

质性技术在体育营销中的应用

Smith 和 *Steward*（*2011*）曾指出质性研究在体育营销领域没有得到充分利用，这可能是由于与量化研究的清晰简明相比，质性数据的收集和分析方法有其不确定性。体育管理者更乐意使用量化研究产生的图例、表格和统计数据，*Smith* 和 *Steward* 认为这种研究很难发现那些对体育营销人员有价值的、深入隐藏的信息。

▼

质性研究本身的特点使其更适合发掘消费者价值、信念和行为的信息，揭示更多关于消费者潜在（由于是潜在的，所以很难进行量化测量）动机和需求的信息。通过质性技术，研究人员可以判断消费者的看法和概念，而不是简单的测量行为。质性方法在发现非预期数据上也有其优势，并且具有灵活性，对体育管理者十分有用。

量化研究与质性研究方法的选择

收集量化还是质性研究数据取决于研究问题的性质和研究目标。很明显，如果你有兴趣研究某一社会现象，那你需要收集量化数据。如果你对人们的想法或感觉有兴趣，那么这些很难量化，质性数据会更合适。若你的认识论偏爱使你倾向于解释性研究，你或许希望利用这种方法形成研究问题。事实上，并不是哪种方法会“更好”，而是方法要联系和适合研究问题，不要仅仅因为统计分析法让你不舒服而决定收集质性数据。Buckley（2007）有段话值得重视：

不要把“比较柔和的”质性途径看成容易的选择，因为质性研究常常是极其复杂的，许多量化方法都比质性方法简单。对于很多学生，尤其是那些对体育的最初认识主要来自会议论文写作的学生来讲，质性研究的确是一个学习的过程。他还认为，“犯错误和在解决问题中学习是多数人初学质性研究的正常写照”（第 91 页）。

量化和质性数据的混合

你可能决定混合使用量化和质性数据。人们对此观点不一，一些研究人员认为两种数据基于不同的认识论假定，是不兼容的两种形式。还有人认为由于时间有限，研究范围需要有其界限，并且发表研究结果的困难性也是反对量化和质性数据混合的因素（Creswell 1994）。而另一方面，Nau

（1995 第 1 页）认为“质性和量化研究方法的混合有助于两者的贡献都得以突出”。例如，质性数据可用于“支持和解释量化研究的含义”（Jayaratne 1993，第 117 页），对量化测量进行说明。Henderson 及其同事（1999，第 253 页）在其身体活动和文化的研究中讲过：

连结不同种类的数据能够为我们开辟一条新的途径，使我们在使用传统研究语言统计学的同时，还可以利用叙述和铁事的方式进一步清晰理解身体活动的参与情况。描述性统计数据不能告诉我们身体活动的意义。单单是深度访谈不一定是样本的代表，而与数据的连结就能更全面地反映出描述和减少有色人种妇女身体活动的相关问题。

但是，如我们前面所说，与个人喜好相比，方法与研究问题的适合很重要。你可以在以下情况中混合使用量化和质性方法。

1. 一种方法可以辅助促进另一方法——量化研究可识别某事件的存在，而随后通过收集质性数据对其进行解释。

2. 两种方法调查同一现象。量化方法可用于从大样本中收集相对简单、“浅显”的数字数据，而采用质性方法从小样本中收集丰富的数据。

开始阶段，你还需考虑你是否有充足的时间和资源实施多种方法（multiple methods）（使用不同的研究方法设法解决同一现象的不同研究问题）或混合方法（mixed methods）（使用两种方法设法解决同一研究问题）的研究。通常这种做法需要更多的时间和资金，因此，在时间和资源有限的情况下，对这一因素的考虑十分重要。

个案研究

混合研究：结合量化和质性数据

Messner 及其同事（*2003*）调查距上次研究至今的十年间美国电视对女子体育报道的改变程度。作者不仅收集了体育新闻节目

▼

中播放女子体育的时间这一量化数据，还分析了播放时间的质量这一质性数据，显示了更全面的情况。量化数据显示，尽管关于女子体育的播放时间提高了，但这种提高集中在工作日，而不是周末，并且伴随采访或其他可视镜头的女子体育的故事的时间比例也提高了。尽管速度缓慢，这本身表明了总体媒体报道的提高。然而，质性数据表明两大问题依然存在，即关注于不重要的女子体育活动的搞笑故事，以及对女运动员的性客体化，可见这种进步是有限的。

作者总结得出：对于女子体育的电视报道在数量上依然很少，质量上依然制作水准低，遭受评论员对女性与运动能力两概念的消极认识或矛盾的价值观念（*Messener* 及其同事 *2003*，第 *47* 页）。

演绎研究与归纳研究

演绎研究与归纳研究也是根据不同方法进行的区分，这也是本章介绍的最后一种方法区分。演绎研究常与实证主义和量化研究相联系，它一般从现存理论中形成观点或假设，然后通过收集数据对其检验。假设是对两个变量关系的陈述，可对其进行实证检验，如“父母有规律参与运动，其孩子更倾向于对自身参与运动持积极态度”就是一个假设。

演绎研究过程阶段如下。

1. 陈述相关理论作为研究的基础。
2. 从理论中演绎出你的假设，也就是如果理论是正确的，这两个变量或多个变量的关系如何。
3. 收集数据检验假设。
4. 利用结果确认、修改或反驳形成假设的理论。

归纳研究常与解释性和质性研究相联系。其模式是收集数据、分析数据，最终形成一个理论、模型或解释。比如，你如果对移民群体的运动参与模式感兴趣，你可能会发现现有证据不足以形成一个假设，这时你可以对样本移民的运动参与者进行访谈来收集其参与运动方面的数据，利用这些形成一种理论解释。这一理论可在以后得以检验，甚至在需要时可进一步收集数据发展这一理论。

两种主要的研究传统

我们在表3－2中总结了两种主要的研究传统。我们要注意这些总结不是规定性的，我们完全可以用量化研究方法进行归纳研究，反之亦然。

我的研究适合什么方法

尽管了解表3－2中的研究传统和方法很重要，但在进行自己的研究中我们不能过于拘囿于此。你不能认为哪种方法胜过其他方法，而是要选择最适合你研究目标的方法。比如，如果你对描述某领域发生什么事情感兴趣，而此领域已具备了相当丰富的理论，那么演绎法就合适。如果你对解释事情发生的原因感兴趣，而此领域又是新生的或研究较少的时，那么归纳法是较好的选择。沉浸在复杂的本体论和认识论问题中相对容易，而现实要解答的关键问题是什么方法最适合我的研究？

其次，时间和资源也是重要问题。与演绎研究相比，归纳研究倾向于花费更多的时间和资源，因为理论在数据中慢慢显露，而一次数据收集即可对理论进行验证。

第三点要考虑的是，演绎研究的风险较小，而归纳研究中，几天的数据收集可能最终毫无成果。

表3-2 两种主要的研究传统

方法"A"	方法"B"
■ 实证	■ 解释
■ 量化	■ 质性
■ 演绎	■ 归纳
■ "什么""何时""多少"诸如此类问题	■ "为什么""如何"诸如此类问题
■ 遵循预先确定的设计	■ 灵活的研究设计，研究中可不断调整
■ 建立因果关系	■ 解释因果关系
■ 确认理论	■ 形成理论

最后一个需要注意而又易被忽略的问题是你的立场。你可能像许多有经验的研究人员一样形成自己对某种方法的偏爱。那么你可以参考以下问题思考自己的选择。

1. 我能用数字形式测量感兴趣的现象吗？或者这是不恰当的？
2. 我是否只关心可测量的"事实"？
3. 我是否关心个体对事情的观点或解释？
4. 我是否认为"真相"对不同个体是不一样的，我不可能总结出行为的科学"法则"？
5. 实证主义研究和解释性研究，选择哪种会使我更快乐地进行研究？

如果你对前两个问题的回答是肯定，而接下来的两个问题否定，那么你更倾向于采用实证主义方法和量化方法。如果你对前两个问题回答否定，而接下来两个问题表示肯定，那么你更倾向于采用归纳法和质性方法。

本章小结

1. 探讨知识本质的两种现存主要方法是实证主义方法和解释主义

方法。

2. 实证主义遵循自然科学的信条，认为人类行为可直接测量，并用法则来解释。

3. 解释主义认为个体的人有其不同方式行为表现的自由，并且个体对事物的体验也不同。因此，研究人员应从每个个体的经历中解释“现实”。

4. 按照量化研究和质性研究进行区分，量化研究建立在数字测量和分析的基础上，而质性研究建立在对非数字的语言、感觉、情绪等的分析之上。

5. 研究可遵循演绎或归纳的过程。演绎研究对预先确定的理论、解释或假设进行检验，而归纳研究从收集的数据中产生解释。

活动

再次阅读第一章末你所用过的文章。试着对每篇文章进行判断。

1. 这篇文章的性质是实证主义研究还是解释主义研究？你依据哪些关键因素做出的判断？

2. 收集数据的类型是什么？量化数据，质性数据还是两者的结合？

3. 研究采用了演绎法还是归纳法？若为演绎法，研究人员的基础理论是什么，假设是什么？

关于你的研究项目

■ 你的研究的性质是实证主义研究还是解释主义研究？你能从这种方法对研究对象的适用性方面进行解释吗？

■ 你收集的是量化数据还是质性数据？它与你所选择的实证主义或解释主义方法协调一致吗？

■ 你遵循的是演绎还是归纳设计？这与你对以上问题的回答是否协调一致？

第四章　研究问题、目的和目标

本章主要内容：

- 介绍一些如何识别潜在研究领域，并将其发展为初步研究问题的方法。
- 概述如何聚焦研究问题的方法。
- 讨论评估研究问题优势和劣势的方法。
- 描述研究提案的内容及常见问题。

引　言

所有研究项目的起点，即研究过程的第一步就是确定初步研究论题。这一阶段很重要，如若考虑不周就可能给研究项目的进行带来无法挽回的困难。这也是一项有难度的任务，可能极其耗时！本章我们将介绍一些聚焦研究问题、研究目的与目标的策略以及评估研究问题的方法。

在考虑研究问题之前，我们有必要回忆第一章所说的“研究”的概念。正如我们提到过的，研究的一个特点是其对知识的增加。但学生们却常常过高估计研究项目所要求的创新性，认为他们必须进行全新的生产。事实上，这几乎是不可实现的。几乎所有的研究都建立在他人已完成的研究之上，并利用现有的知识。你很难提出一个全新的研究，只有使用现有知识，参考他人研究，才能为整个研究框架提供更现实的研究提案。因此，如果研究论题没有那么原创，你也不必担心。研究应有一定的创新性，但其创新性可通过多种方式实现，本章随后将对此问题进行讨论。

研究论题的提出

你几乎不可能直接确定一个清晰聚焦的研究问题。通常，在你开始形成和聚焦研究问题之前，你需要确定一个宽泛的研究论题。你会发现，提出初步的论题也是困难的。Veal（2006）和 Saunders 及其同事（2000）提出一些可能来源，帮助你形成自己的论题。

- **现有的体育文献**。过去的研究项目是有益的构思来源。通过阅读以往的研究，比如期刊文章，你可以了解自己兴趣领域研究问题的类型。阅读现有文章也是对那些处于主要地位的研究论题种类进行判断的有益途径。在阅读中，你可能对某一观点、论点或理论感兴趣，并希望进一步对其探讨。选择一本最近编辑的关于体育的期刊，看其研究是如何展开和进行的。
- **其他学科的文献**。或许，你可以阅读体育领域外的期刊，看看目前的研究是否可在体育背景中应用。这时，母学科期刊可以发挥价值。比如，在《管理学杂志》中读到 Ireland 和 Webb（2007）关于企业家精神的文章，而这在体育管理中也相当重要却研究不足。因此，这些可能激发你进一步关注体育企业家精神。
- **社会关注的问题**。你或许希望探索与当代体育相关的社会关注的问题；比如，你或许对贫困的市中心地区的体育供给情况，或是对少数群体的体育经历感兴趣。还有一些其他社会问题可能引起你的兴趣，如体育暴力或体育中的作弊问题。
- **热门问题**。一些热门问题值得调查，而浏览报纸或网站可以获取这样的热点问题。选择优质的报纸或杂志，识别当下相关的体育问题，进行发散性思考并以这些问题作为你的研究基础。通常你是可以从学术角度探讨这些问题的，媒体一般报道发生了什么，而你可以探讨为什么会发生。你无需一定关注国家媒体，地方和地区媒体也可以提供丰富的观点。
- **你的个人经历和特征**。你自己的优势和兴趣是什么？你对什么主题感兴趣并且有见识？你的职业抱负是什么？如果你对体育营销职业感兴趣，那么进行这方面的研究是顺理成章的。如果你想成为教练或老师，那么进行相关研究不仅可以为你提供宝贵的经验，还会为你的个人简历添彩。至于你的个人经历，比如你是否对特定运动项目有什么了解？或许你曾做过体育志愿者，并希望利用这一经历。

▪ **头脑风暴**。集中其他人的智慧是形成论题的好方法。与其他人讨论可能的想法，通过互动形成、评判或修改可能的研究问题。尽可能多的写出你能想到的且自己感兴趣的体育相关的词语，再写出“为什么”“怎样”等词，看看是否能产生研究问题。

▪ **导师**。你的导师有其自己的研究方向和专业领域，他们一般喜欢指导这些领域的论文。与导师聊聊，看其是否能给你指引一个正确方向（尽管给你提供一个问题并不是导师必做的工作）。

当你确定论题并完成一些初步调查后，你可能会看到你的论题已经有一些深度探讨，但是几乎没有什么创新研究的余地了。这是很正常的情况，不要对此气馁。我们前面说过，几乎所有研究都利用现有的理论和观点，并以此为基础。一般情况下，你的创新性并不来自于产生新观点或新理论，而是以新方式利用现存资料。Veal（2006）提出一些“新方式”的例子。

▪ **地理角度**。有的理论的形成仅在一个地区得到了实证检验，但在其他地区并没有得到关注。因此，你可能在美国见到一些体育研究，那么在英国进行类似的研究就是一种创新研究。或许，现有对城市体育供给方面的研究，那么在乡村背景下的类似研究也为创新性研究提供了基础。

▪ **社会角度**。你可能发现一些社会群体所受关注少于其他群体。现有研究可能专门关注男性，而排除女性，有的理论只应用在了老年人方面或残疾人方面等。

▪ **时间角度**。一个理论可能形成于多年之前，因此可以调查其当代适用性，对其结果进行比较本身就是一种创新性研究。你可能无意中发现一篇多年前的研究，那么收集较新的数据也为创新研究项目提供了基础。

▪ **背景角度**。你可能发现体育领域以外的一些理论已在体育背景下应用。或者，你可以用新理论再审视这些研究，看其是否具备了更大的解释力。

▪ **方法论角度**。你可以收集不同的资料探讨同一现象。比如，你发现某一理论应用量化研究设计，得到了量化资料的验证，你或者可以利用深度访谈而不是问卷调查法来收集资料。因此，创新性问题不应是你选择论题的主要障碍。然而，你应注意的是：某些研究的理论已经得到了很好的证实，甚至在你没有开始研究之前，你的结果已经是确定的！

确定初步论题后，下一步即明晰研究问题。研究项目的审查人员常常抱怨许多研究问题太宽泛。比如，有人陈述“我想研究西方体育在中国的壮大”就太宽泛、缺乏方向。你对哪个体育项目感兴趣？所有的项目还是其中之一？你对哪里的壮大感兴趣？是整个中国还是特定区域？研究的时间范围是什么？研究问题对整个研究的好坏十分关键，没有一个很好的聚焦的问题，几乎不可能成功实施研究。De Vaus（2001）提出一些可应用于聚焦体育研究问题的参考准则，将在下一部分列出。

聚焦研究问题

1. 定义核心概念。如果讨论体育参与问题，那么参与究竟指什么？是参与所有体育运动项目还是参与有组织的体育活动（organized sport）？是有规律的参与还是偶尔的参与？“有规律”本身就存在异议，每年参与一次与每天参与一次都可以被称为“有规律”。只有清晰定义和具体说明你的核心概念，你才可能形成研究问题。关键概念的任何模糊点都必须消除。

2. 你的时间范围是什么？你对现实状况感兴趣还是要测量历时性的变化？若测量变化，是哪个时间段的变化？

3. 地理定位是什么？一个社区、场所还是运动队？你要与其他一个或多个地理范围对比吗？

4. 你对论题的哪方面感兴趣？如果你研究奥运会的商业化，那么你对其经济方面感兴趣还是运动员的体验？还是商业化对观众的影响？

5. 你的分析单位是什么（比如你收集“什么”数据，基于“什么”

得出结论)？是个人（如体育参与者或体育迷）、组织（如运动队），还是比赛？

以下是聚焦研究问题的另一种方法。这种方法未得到广泛认可，但可有效帮助你聚焦研究问题。

1. 写出暂定的研究问题。如你对领导风格即不同的教练在执教时是否有不同的领导风格这一问题感兴趣。于是你的暂定问题是“执教于个人运动项目还是集体运动项目是否会造成教练执教风格的差异”？尽管这一研究方向是恰当的，但其本身由于太宽泛而不能成为一个研究问题。比如，有许多不同类型的教练，“运动项目”在这种情况下太宽泛，基本是没有意义的。这一问题需要进一步明确。

2. 识别研究问题中的关键术语（或“概念”——详见第六章），如“教练”“领导风格”和“运动项目”。

3. 判断每个关键词是否还可被分解为更明确的类别，通过清晰的定义使其更具体。首先要确定研究主体，在此例中即教练的概念。通过探究文献，形成自己的观点想法，你可以将教练分为“男性和女性”（图 4 – 1）。认识到领导风格很可能存在性别差异（Eagly 和 Johnson，1990），你可以决定聚焦研究男性教练，消除变量。但这依然是一个宽泛的概念，所以你可能决定集中于对业余教练的研究以进一步明确概念，且业余教练也更容易接触到（参阅下页内容，英文首字母缩写为“CAFE”）。最终，你可以明确为有经验的教练，而不是新手教练。

接下来就要明确其他关键词。如上所述，“运动项目”（sport）的概念也需要进一步明确，其中一种方式是具体针对某几种运动项目，比如个人项目中的高尔夫和壁球，或集体项目的足球和曲棍球，或者你只是决定从一系列运动项目中抽样出一些项目。进一步的明确方法如上：比如集中于非精英体育（考虑其可接触性）。性别问题会使你集中于一个方面（女性体育），更进一步，受教的运动队是哪一级别的，消除这一模糊性，我们可以定位为青少年（junior）体育（即 18 岁以下）。

4. 经过如此过程，你可以识别出许多其他研究问题（图 4 – 1）。

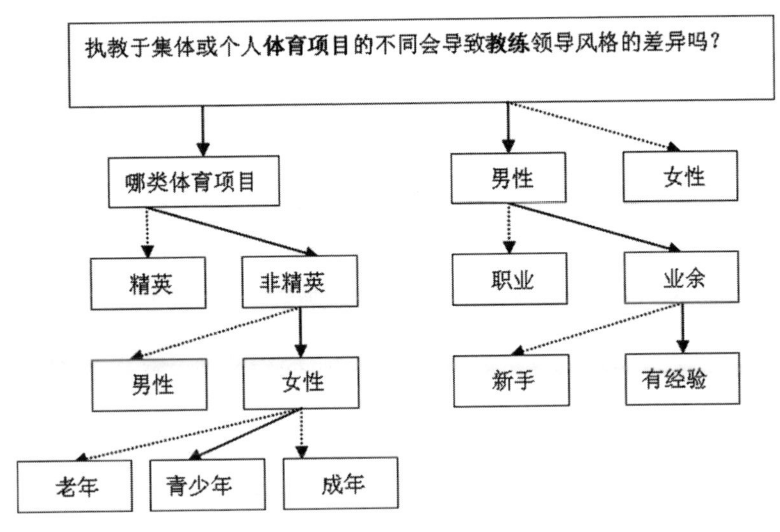

图 4－1　聚焦研究问题

因此，通过识别可替代的类别，并从中选择一种，研究问题就变得明确了。从："执教于集体或个人项目的不同会导致教练领导风格的差异吗?"改为："执教于集体或个人非精英青少年女子体育的不同会导致有经验的男性业余教练领导风格的差异吗?"

后者更明确，促使整个研究项目的成功概率更高。

即使确定了恰当的研究问题，也不表明我们能够通过研究来回答这一问题。你需要参考下面"**CAFE**"内容（Clarke 及其同事．1998）以确保其可行性。CAFE 是四项考虑因素，分别是复杂性（complexity）、管道（access）、需要设备与资源（facilities and resources）、专业知识（expertise）。

复杂性（complexity）。某一论题可能涉及几个观点相对的理论或是一个复杂的理论，你能在研究中合理分析你的论题吗？如果你时间和资源有限，或个人经验有限，那么你有能力完成所选领域的研究项目吗?

管道（access）。你收集资料的难易程度如何？向职业体育俱乐部所有人或精英运动员发放问卷以及回收问卷的可实现性如何？人们对回收率等常常倾向于过度乐观，你需要对此认真考虑。

需要设备与资源（facilities and resources）。考虑研究需要哪些资源，你需要大量差旅去访谈吗？大量寄送问卷，同时寄出回信所需的信封邮票，如此你能担付起吗？你需要在这一步识别所有特定需要的资源。

专业知识（expertise）。考虑你的专业知识，你乐意承揽一项需要复杂多元分析的研究项目吗？研究体育中群体行为时，你具备相关的社会学或心理学专业知识吗？如果你正在进行学位论文，明智方法是考虑导师的专业知识，尤其是导师享有声誉的特定研究领域。

Gill 和 Johnson（1997）指出，你的论题应尽量具有可能结果的对称性（symmetry of potential outcomes），即无论结果是什么，你的研究都有价值。你可能想查明赛前裁判的焦虑感与裁判执哨年数是否相关。如果不相关，研究结果就没什么意思和价值了。修改研究问题是一种解决办法，如对裁判压力原因的探究。这样，结果无论怎样，都有价值意义。此例中，你还需要证实所有的假设，例如你假设裁判确实会有压力。

选择你的研究问题

在形成研究问题过程中，你需要不断考虑以下所述问题：

■ 你必须有一个明确的研究问题。对研究目的模糊的陈述，如“我要调查体育中的暴力”是不恰当的。若你无法清晰陈述你的研究问题，则需要重新讨论原定的研究。

■ 你必须对研究问题是有兴趣的。研究项目需要耗费相当长的时间和付出相当大的努力，你应确保自己对这一研究有足够的兴趣，能围绕这一论题广泛阅读，花费时间、精力和资源收集资料，最后写出详实的研究报告。如果你没有足够的兴趣，那么你能够完成研究项目的概率就会相对减小。

■ 你的研究问题必须有可行性——尤其在时间和资源方面。大多数研究项目所安排的时间是有限的，你应确保自己的研究项目在有限时间内能够完成。

▼

■ 你所需的资料必须有可获取性——你不能简单假定发出问卷便会回收。体育行政机构常常接到铺天盖地的来自研究人员的各种询问，但或许不太可能得到回复。

■ 你必须具备进行研究的相关技能。你对访问体育组织的高级管理人员或处理复杂的统计分析有自信吗？

■ 你必须有能力处理研究相关的理论和概念问题。如果你在做一项运动心理学研究，那么你有相关的心理学专业知识吗？

你还需要确定一些研究目标，通过达到这些目标来回答整个研究的问题。这些目标对于指引你的研究有重要意义。比如，你的研究问题是：

体育迷在确定自己最喜爱的运动队时，是否存在性别差异？

你的目标大概可如下：

■ 确定和应用一个适合的体育迷认同感操作化方式（或是一种测量方式）。

■ 测量男性体育迷代表样本的认同感。

■ 测量女性体育迷代表样本的认同感。

■ 比较两组认同感，判断其是否有统计上的显著性差异。

因此，研究目标设定了研究项目的范围，识别需要完成的主要任务，也有助于为研究人员提供一组可测量的目标。设定目标时，参考以下要求（英文首字母缩写为SMART），即你的目标应是：

■ 具体的（Specific）。你应清楚要实现的目标是什么。

■ 可测量（Measurable）。应可判断各目标是否已经实现。

■ 可实现（Achievable）。应有达成目标的可能性。

■ 现实的（Realistic）。从时间、经费和管道等方面所面对的各种约束来看，目标都是现实的。

- 有时限（Time bound）。每个目标的实现应设定具体的时间指标。

因此，如果你对职业体育的文化影响感兴趣，你可以设定目标“关于主办大型赛事的文化影响的文献回顾”。然而文献回顾是一个必须过程，而参考 SMART 要求可知其并不能作为目标。所有目标的结果都应是清晰的。

个案研究

确定目的与目标：“英格兰体育”协会与经济分析

“英格兰体育”协会（*2002*）（非政府部门的公益团体）要评估体育在某些地区的经济影响。为此，他们确定了以下目的：

- 形成一个标准经济模型，可应用在所有的“英格兰体育”协会相关地区，使地区间有可比较性，并提出相对简单的机制使得评估结果得以更新，最终测量历时性的变化。
- 对“英格兰体育”协会全部九个地区的经济影响实施评估。
- 报告这些地区的体育的经济价值。

为达到这些目的确定的研究目标包括：

- 识别地区相关经济数据的获取渠道。
- 识别那些在地区层面上无法获取的相关经济数据。
- 收集相应地区的经济数据。
- 初步选择三个试点地区，应用合适的模型分析地区经济数据，查明每个地区的整体体育的经济影响。
- 根据三个试点地区的模型应用情况，适当调整模型。

▼

■ 应用修正模型（如果有必要修正）分析其他六个“英格兰体育”协会地区的经济数据。

我们可以用 *SMART* 的概念对这些研究目标进行叙述，从而确立了一个清晰集中、可测量的目标组，最终一起促使研究目的的实现。

撰写研究提案

撰写研究提案或者研究方案的计划，是许多研究项目的重要部分，也是寻求研究经费资助的要素。即使对此没有正式要求，在研究开始阶段撰写研究提案也十分有益。确定研究问题后就应尽快撰写研究提案。提案对于理清研究项目整体目的、如何实现目的以及判断研究中可能遇到的问题等方面十分有效。根据意图不同，研究提案的要求也不同。但通常都会要求陈述研究过程的相关信息。

1. 清晰陈述研究的整体目的和相关目标。
2. 陈述研究的创新性、意义和重要性。
3. 简要描述本领域现有的研究。
4. 如何实施研究，采用何种研究设计和预期采用什么研究方法，指出可能的抽样群体和样本量以及招募样本的方法。
5. 如何分析所收集的资料。
6. 研究的预期期限。
7. 研究的预期结果。
8. 管道和经费方面的具体要求。
9. 与研究相关的伦理问题。

研究提案的缺陷

许多情况下，你所在机构或资助方都会评估你的研究提案。若非如此，你就需要自己评估自己的研究提案，而这是一项困难的任务。将你写的提案与一套标准进行对照是一种自我评估的方法。Leedy（1985）列出了研究提案中常见的问题，通过对照，你会发现自己研究提案中的问题。最常见的问题如下。

1. 研究的问题

- 重要性不足或很难产生新的或有价值的信息。
- 研究基于的假设不可靠或根本没有以现有证据为基础。
- 问题过于复杂，调查人员很可能无法实现。
- 研究涉及过多构成要素，过于复杂。

2. 方　法

- 提出的方法不适于研究目标的实现。
- 方法描述不具体、不清晰。
- 研究设计考虑不足。
- 质性数据分析的统计方面没有受到足够的关注。

3. 个人特点

- 研究人员不具备完成这一研究项目的经验或能力。
- 研究人员对本领域现有研究和其中的重要研究不熟悉。

即使不要求提交研究提案以供评估，你也应据以上要点进行自我评估。甚至找同事扮演“吹毛求疵者”（devil’s advocate），批判性质询你的提案，这或许是一种更好的方法。如此，能在这一时期发现自己的问题并改正，这要胜过开始研究后才发现问题。

本章小结

1. 研究过程的第一阶段是确定要调查的研究论题，这是艰难的任务，但对研究项目后面的成功意义重大。

2. 研究论题的形成有许多来源，主要包括：现有文献、社会关注的问题和热点问题、个人特点与倾向、头脑风暴以及与导师的讨论。

3. 尽管研究要求创新性，但创新程度总被高估。有许多创新研究的方式；如，将现有理论应用到新情况中或采用不同的方法。

4. 研究论题应发展为聚焦的研究问题，以形成整个研究的“垂直思路”。

5. 回答研究问题应在许多方面具有可达到性，就研究人员的个人能力而言，包括适合样本的可获得性以及专业资源或设备的可获得性。

活 动

提出两至三种可能的研究问题。评估每个问题。

1. 你认为这些问题是否是好的研究问题。识别每个问题的缺陷，并根据情况又重写。

2. 确定回答每个问题需要实现的一系列目标。

3. 利用 SMART 评估目标，即具体的、可测量、可实现、现实的和有时限五个方面，并根据具体情况重写目标。

关于你的研究项目

对于你的研究项目，上述活动都是很重要的。你应参考评估自己提出的研究问题。你还应：

- 参考本章所提的标准（见“选择你的研究问题”），评价自己的研究问题是否符合这些标准。
- 你的问题是否满足本章的 *CAFE* 标准？
- 你的研究问题足够聚焦吗？你是否能进一步聚焦研究问题？

第五章　文献综述

本章主要内容：

- 介绍文献综述的作用，概述其为何是所有研究项目的重要组成部分。
- 介绍可利用的文献来源。
- 对所获文献进行质量评估的指导。
- 对文献综述写作和呈现的指导。

引　言

在收集数据甚至是考虑研究设计之前，充实和丰富所选主题方面的知识非常重要，这不仅要求你理解相关的概念，而且也要了解前人的相关研究。Jankowicz（1995，参阅第 128 – 129 页）指出：

> 知识并非存在于真空之中，只有当你的科研工作与他人的科研工作相联系时才有价值。只有与他人的科研工作相同或不同时，你的科研工作和发现才是有意义的。

文献综述是所有研究必不可少的重要基本工作。无论你认为你的研究问题多么有原创性，它都必将建立在他人研究工作的基础之上。对这些现存研究工作的回顾十分重要。文献综述是研究的基础背景，在文献综述部分应清晰阐述对相关理论和概念的理解、本领域前人研究的成果、此类研究中的方法论和研究设计类型以及缺乏哪些文献。这种阅读将成为研究报告中重要部分的基础，你对文献的理解在研究报告中将以书面形式呈现出来。因此，我们可认为文献综述包括两个不同的方面。

1. 查找、阅读和组织适合的学术文献的实际过程。
2. 将以上收集到的信息作为研究报告的一部分进行呈现。

因此，你应批判性地阅读和报告这些文献，阐述对这一主题知识现状的认识，可以是对现存优点的认识，也可以提出缺点甚至是研究空白。你还应在这一背景下提出自己的研究目标，这样读者才能在现有研究中理解和评价你的研究，其理解来自于你对重要术语和概念的定义和解释，其评价依据你提出的现有研究的不足之处，以及你的研究对本领域知识起到怎样的贡献作用。

文献综述的目的

你应在文献综述之前考虑其目的所在，这样你才会更容易判断自己应该做什么。文献综述的目的如下：

- 阐述你对这一主题具备的知识，以及你对这一领域的熟悉程度。一篇好的文献综述会告知读者，研究人员有能力在这一特定领域进行研究。
- 列出在你的研究项目中重要的相关理论和概念。采用恰当的理论能够促使你拥有一个解释研究结果的框架。概念的重要性在于能使通常为抽象的现象得以清晰地呈现，以便他人分享和理解你的研究结果。文献有助于你对相关概念获得清晰的理解和定义，以及表明其在前人研究中的使用情况。
- 聚焦研究问题。研究人员面对的最大的问题之一是由于没有很好地聚焦和限定研究问题而导致研究无法完成。通过阅读他人如何聚焦研究，理解过去所处理的问题类型，你将对聚焦自己的研究问题形成看法，并了解前人研究中得以成功回答的研究问题类型。这将有助于你进行第四章图 4－1 中的活动。

■ 判断先前的研究对这一主题的研究程度。研究初始判断出你的研究问题是原创的还是重复性研究很重要。文献综述使你识别出现有文献的缺失之处，这些缺失便是填补研究空白的领域。

■ 形成假设。假设即基于逻辑推理或现有证据的预期研究结果。文献有助于形成假设，否则你的假设便只不过是基于经验的猜测！

■ 辨识那些过去曾成功使用的方法论和方法。你或许能够获取他人如何解决相似问题的真知灼见，比如他们抽样的方法、数据收集的工具以及分析方法等（尽管你应避免在深思熟虑之前就简单地重复现有的方法论）。

■ 有助于确保所有相关变量的识别。全面的文献搜索应识别可能影响研究项目的所有调节变量。

■ 为你与他人的研究结果进行比较提供条件。你可能希望将自己的研究结果与其他研究人员的研究结果进行比较。因此，首先你要找出这些研究结果，你还需要判断你的研究工作是如何建立在他人工作之上并增进知识的。

文献来源

研究人员在开始研究项目时常常有一种担忧，就是不能获取充足的文献，当研究问题十分集中明确时尤为如此。但在实践中一般不会发生这种情况。在图书馆数据库进行检索，很快就能显示出大量可获取的信息。问题是在于以何种渠道找到恰当的信息，以及如何处理已经获取的信息。现实中有许多不同的信息来源，主要如下：

■ **书籍**。显然，书籍是一种信息来源，而且是经常被使用的第一手信息来源。书籍有益于提供对论题的全面概述，描述已经完成的重要研究。但是仅仅依赖书籍获取信息通常是不够的，因为书籍深度不足，对研究问题的针对性不强，一般的教科书尤其如此。另一个潜在的问题是，书很容易过时，尤其是在体育研究等快速发展的领域。因此，你应确保你所阅读的是能获取的最新图书。在引文部分和参考文献，还会为你列出进一步有用的资料来源。

- **同行专家评审期刊**。这些期刊是重要的信息来源。你应多使用这些当代同行专家评审期刊中的文章。同行评审的过程即由独立的专家评审人员对那些投稿期刊的文章进行评估的过程，这些专家评审人员确保了出版物的水准。这类期刊会发表一些领域最新的研究，你务必应在此类期刊中搜索相关文章。

- **会议文章**。这类文章通常不易获取，且其质量也不如期刊文章。但会议文章确实常会对本领域的研究种类提供一些有价值的见解，尤其是那些正在进展的研究工作或研究领域的发展。如果能够参加你的研究方向领域的会议，那么这将是判断最前沿研究的绝好方法。

- **互联网**。互联网是一种潜在的有用资源，但其价值常受到其局限性的影响。如上所述，当同行专家评审出版物时，经过一个有效的严格的质量控制过程，而这一过程在互联网中是缺失的。尽管互联网中也有一些极高质量的同行专家评审过的资源，但也存在没有经过任何评审过程的文献，因此，这类信息的质量令人质疑。

对从互联网中获取的信息资源进行评估十分重要。互联网确实能够提供大量可能对你有用的二手数据资料。

- **往年学位论文**。学位论文能够提供大量具体的信息。硕士和博士论文通常非常具体，你可以搜索相关文献索引，如学位论文索引（Index to Theses：www. theses. co. uk）一旦发现相关论文，你可以通过馆际图书资料互借获取论文。他们常以缩微胶片形式提供论文，因此你应有合适的阅读器。本科论文也可能对你有价值，但一般不容易找到，通常你应按照每个独立的教育机构来检索，而不是进行集中检索。

- **报纸和杂志**。报纸和杂志能够提供有用的最新数据。高质量报纸的过刊被储存在光盘中，通常易于获取。但我们也应稍加留意，因为报道可能会在某方面被曲解，这类信息一般不能提供不偏不倚的中立观点。

- **行业杂志**。行业杂志能够提供本领域当前趋势和发展的有用数据资料，但他们的目标读者并不是学术人员。在图书馆，行业杂志并不像学术期刊那么多，所以在你需要某几期杂志时，你需要直接联系相关组织。

查找文献

面对各种形式的海量的文献时，文献综述似乎是一项艰难的任务。很遗憾，查找文献并没有一种最好的方法。此处为你在查找文献之前提出如下建议：

- **尽早开始查找文献**。比如，你要开始撰写本科毕业学位论文，那么你应尽可能在最后一年之前就开始进行文献检索。尽可能进行系统性检索，同时也要注意你可能偶然发现的相关文献。
- **认真记录你的检索过程以及检索发现的所有文献**。不要设想在以后再记录相关细节。开始研究项目后，你需要马上进行系统详细的检索。现有许多找出文献的不同方式，你可能需要用到所有这些方法。
- **数据库**。你在图书馆能够发现这些数据库。只需要电子设备上输入一个或多个关键词，你就可以在数据库的特定领域检索到相关期刊文章（或者大多数情况下是期刊文章的摘要）。检索将提供包括关键词的文章信息（一般为摘要），你便可判断这一文章是否与你的研究相关，以及是否可在本图书馆获取论文还是通过其他途径获取。你还可以采用引文检索来识别他人的研究工作引用了哪篇文章。以前的索引是以纸质形式出版，而现在多为光盘形式。还有一种“在线索引”，你可以查到文章的全文，如果你所在机构订阅了这一索引，你还可以将所需文章打印出来。但是，利用电子数据库检索并不能确保你查找到所有相关文献。你需要在检索前有一个认真的计划，写出所有适合你研究项目的关键词，包括关键词的变体形式。还要写出每个关键词的可替代词语［如“教练”（coach）和“指导”（instructor），或“粉丝”（fan）和“观众”（spectator）］，标出拼写的不同变体形式（如“behaviour”和“behavior”，“organisation”和“organization”）。

体育研究的相关数据库

有许多数据库提供你检索相关文献。以下不是详尽的清单，关于其他信息来源途径，你可咨询图书馆管理员。有些数据库可开放进入，有些需要你注册用户名与密码以便登录使用。所以，在需要时可找图书管理员获取具体信息。

- SportDiscus。多数情况下这是你第一个应用到的数据库。SportDiscus 包括 1975 年至今的多种学科方法如社会学、心理学、体育教育学等的期刊文章、图书资料和会议论文。
- ASSIA。这是一个以社会科学为重点的综合数据库，也包括许多有用的体育相关文章。
- PsychInfo。如果你的研究属于运动心理学范畴，那么你应进入这一数据库。它包括最早自 1887 年的重要期刊中心理学方面的摘要。
- **图书馆目录（library catalogues）**。你可在图书馆目录中搜索，但这种搜索就不那么具体详细了。这通常是搜索相关图书资料的优选途径，而在查找期刊文章方面效用不大。
- **互联网检索**。互联网资源极其丰富，但这是一项困难又耗时的任务。如先前提到过的，互联网资源缺乏“质量控制”，在使用互联网检索时你应非常小心。关于互联网方式检索信息的具体讨论见第十五章。
- **出版商网页**。出版商网页是很有价值的资源，常会列出相关图书和期刊目录。如 www. leisurestudiesarena. com/leisurestudiesarena/homepage. htm 会提供 Routledge 出版社的体育相关图书和期刊的最新信息。
- **研究论文**。一种快速形成参考文献的方法是查找相关最新的图书或文章，并阅读这些图书和文章的参考文献部分以获取重要文献资源，然后查找这些文献资源，并重复这一过程，查找新的文献资源。利用这种方法，你可以在相对短时间内构建自己庞大的参考文献。但要注意，这种方法不利于查找到最新出版或发表的文献资源。
- **社会学文献索引摘要资料库（sociological abstract）**。本资料库有助于你查找从社会学视角进行体育研究的文章。

- Pro Quest。通过这个数据库，你可查找到商业、管理、经济和金融领域的文章。
- **英国人文科学索引（British Humanities Index）**。这一索引涵盖多种报纸期刊。那些以人文视角研究体育的研究人员会对此数据库感兴趣，如研究体育史的研究人员。
- Zetoc。它提供了大英图书馆的电子目录，以及大量学术论文和会议记录的详细信息。

聚焦文献检索

初步的文献综述一个常见的错误就是过早聚焦文献，以至于看到可用资料明显不足而感到沮丧，学生的研究中尤其容易犯此错误。因此，对女性参与橄榄球联合会的原因感兴趣的学生可能会将社会化理论作为可能的理论框架之一，这是没有问题的。然后，学生搜索女性在橄榄球运动中的社会化方面的文献时就会发现，几乎没有相关文献，于是就会因缺少资料而沮丧。事实上，更恰当的方法是避免在最初检索相关文献时过于聚焦，举例来说：

- **一般的社会化理论**。虽然在图书馆的体育类丛书中找不到社会化理论相关资料，但在社会学或社会心理学部分有。你可能会找到看似与体育无关的女性参与许多社会群体的社会化研究。但是，你必须牢记到这些作者用到的理论框架或方法论都可能为你提供重要的背景信息。
- **体育中的社会化**。基于体育社会化的文献也很丰富。比如你会发现 Donnelly 和 Young（1988）的论文很有趣，他们调查了男性融入两种体育亚文化（橄榄球和攀岩）的过程。他们提出了社会化的符号互动论视角（symbolic interactionist perspective），这可能有助于你的研究。
- **体育中女性的社会化**。你现在可以开始调查体育中女性的社会化，判断其可能存在的性别问题。

搜索完毕时，即使没有找到具体关于女性参与橄榄球的社会化方面文献，你也可以获取如下信息：

- 获得了关于社会化理论概念的清晰认识。
- 获得现有的关于女性社会化研究性质的整体认识，这些研究包括：群体中女性的社会化，体育中的社会化以及体育中女性的社会化等三类。
- 发现研究空白并据此形成你的研究问题。你可以尝试利用自己的研究来填补文献的缺失。
- 关于自己研究的可能结果的初步想法。
- 在以往研究的基础上，形成自己研究中可能使用的方法论。

评估文献

在找到相应文献后，下一阶段任务就是阅读、消化和完整地记录文献。阅读每篇文章时，不仅要考虑这篇文章的内容，还要考虑其对于你的研究项目的意义。阅读时要记得做笔记，也要全面记录自己使用了哪些参考文献。阅读和记录一些文章之后，你应考虑将它们以一种结构组织起来，把相似研究方法的文章放在一起。

不要把所有文献看成同一标准的，你需要用批判的眼光来评估你所获取文献的质量，以确保自己更多关注相关性更强或质量更高的文献资料。以下是一些用于评估文献的标准：

- 文献来源是什么？比如是国际的同行专家评审期刊还是行业杂志？同行专家评审期刊比行业杂志更重要，但行业杂志对于认识特定研究领域的直接相关性和实际趣味性较强、效果更好，但却普遍缺乏学术或理论框架。
- 作者是谁？作者是这一领域公认的专家吗？他在类似领域还发表过其他成果吗？他有什么资历撰写书籍或文章？
- 这一研究领域的其他文章是否也参考了这一文献？其他文章参考这一文献时的态度是积极肯定还是批判性的？

- 文章发表时间？是最新文献还是已被其他研究取代的过时文献？
- 结合自己的知识，你认为这篇文章怎么样？

在阅读中要以批判态度来看待这些研究，并且在有理由支持你的评价时，将其写入文献综述中。尤其是这些研究已经有些午了，理论和方法已经得到了进一步发展，或者你的资料来源没有经过一个学术评审过程时，你更应保持批判的态度。

评估网站

如果你要采用一些源于互联网的资料，那么你需要评估其质量和作用。只要利用正确的设备，任何人都可以在因特网中设置一个网页或者编辑已有的网页（比如 Wikipedia），所以不能确保互联网上的信息的准确和质量。而评估网站就是你自己的责任，没有什么简便的评估方法，但以下是一些评估中应问的问题：

- 谁提供的网页？学术机构或学术出版商？公司或组织的官方网页？还是个人网页？
- 他们发表这些资料的资历是什么？
- 上传这一网页的目的是什么？
- 他们的目标受众是谁？
- 网页内容是否经过任何形式的审阅过程？
- 网页最近一次更新是何时？

对于较为传统的信息来源而言，有几类要更为可靠。得到充分评审的在线学术期刊通常与印刷版的期刊质量一样，而且更新更快（印刷版期刊的文章可能在提交后两年才会出版）。

如何判断我已经收集到了足够的文献？

何时可以说收集的文献充足呢？这是一个很难回答的问题。你应收集的文献并没有固定的量，一些研究项目会比别的研究的文献多。你应以达到所谓的“饱和”为目的，即阅读新文章时，你会不断看到相同的参考文献。如果这些参考文献你都已经收集到了，那么意味着你已经收集了充足的主要文献。但你一定要留意你这个领域的重要期刊，确保自己不漏掉那些自己完成文献检索后才发表的其他相关研究（只要提交论文日期与那些文献接近，即使遗漏那些文献也无妨）。

如何撰写文献综述

你需要在研究报告中与读者交流你对文献的回顾情况，由此读者才可判断你的研究在现有研究中的位置。一个常见错误是人们写出的是参考文献注释而不是文献综述。参考文献注释是对一系列信息的组织，每条文献信息后有一个简短的评注或注释，陈述和评价研究内容以及其对你的研究的作用。但文献综述应向读者阐述本领域知识的基础状况，提出现有研究的空白以及你的研究与现有知识如何协调配合。这是一个有逻辑条理的文献综述，而不是罗列文献资料的清单。

文献综述应以引言始，明确研究论题和评述背景。然后便是主体部分，即对文献的综述回顾。正文的开始部分通常对有关观点、概念和定义进行概述，然后再缩小至关联更紧密的文献。前人的研究应以恰当分类归置一起，如：

- 研究问题相似的研究。
- 采用相似方法论的研究。
- 结论相似的研究。

较之相关性稍弱的研究，对于那些对你的研究更有意义的研究应更深入地分析处理，比如写出这些研究的目的、方法论、样本的详细信息以及研究结果。对于没那么重要的文献资料，简略总结其研究结果就足够了。文献综述并不仅是对某类主题问题的概括评述，而应是对你研究项目所在主题领域知识现状的报告，以及这些研究对你的项目有何意义。每部分的结尾处，你都应提出其对你的研究有何意义。最后总结应包括对本领域知识现状的评价、你的研究与文献的关系及预期结果。如果合适的话，预期结果可以用假设形式呈现预期结果。完成文献综述时，你要确保你已经梳理清楚了他人的研究与你的研究是如何相关的。评估文献存在的不足之处也很重要，如果你的研究填补了现有文献的一些空白之处，那么你在文献综述中就应清晰阐述存在的文献缺失的是什么，并使你的研究与研究空白联系起来。

请注意，文献综述并不是简单的列出相关文献，而是在共同主体、概念中对前人研究的有逻辑条理的组织。如果文献综述的每段都以不同的文献作者姓名开头，这通常意味着研究者写的是参考文献注释，而不是真正的文献综述。我们推荐你挑选一些重要的体育相关研究期刊，如《体育社会学杂志》或《欧洲体育管理学杂志》，尽可能多的阅读文献综述，来了解好的文献综述是怎么样的。

文献综述摘录

以下是一个文献综述节选（*Wann 1944*），调查不成功运动队的粉丝对运动队过去和将来表现的看法。请注意，文献综述是如何突出这一主题相关的以往研究成果以及如何基于文献形成恰当的假设。

Wann 和 *Dolan*（*1994*）描述了高认同感的粉丝存在偏见，因为与低认同感的粉丝相比，他们认为运动队已经并且将来还会赢得更多的比赛。*Hirt* 和 *Ryalls*（*1994*）认为 *Wann* 和 *Dolan* 的研究结果应从自尊的影响方面来理解。*Hirt* 等发现，尽管高认同的粉丝在一场胜利后会对运动队的未来持积极态度，但看到一场失败比赛后，他们便会对运动队的未来持消极态度（*Hirt*，*Zillman*，*Erickson* 和 *Kennedy*，*1992*）。*Hirt* 和 *Ryalls* 认为 *Wann* 和 *Dolan*（*1994*）发现的偏见与特定运动队过去的成功相关。他们认为，如果这一运动队过去是不成功的，那么高认同的粉丝会认为运动队在上赛季以及将要来到的下赛季赢得的比赛会少一些。但这一预测与许多粉丝的行为是相矛盾的，他们似乎有着永不磨灭的乐观。因此，不同于 *Hirt* 和 *Ryalls*（*1994*），还有学者假设不成功运动队的高认同的粉丝在评价运动队过去和将来的表现时会存在偏

▼

见。这一预测是基于他们希望保持积极的社会认同，而只有认为这个群体对自己有意义的粉丝才会有这种希望。(*Taifel* 和 *Turner1979*)。

请注意，作者如何总结先前的研究，提出知识的空白，即粉丝的偏见是否与保持自尊的需求相关。现有文献有充足的证据假设粉丝对过去和将来运动队表现的评价，假设随后在研究项目中得到验证。

文献综述错误案例

以下是一篇假定的很差的文献综述例子。

许多学者在这个方面的研究成果都很重要。*Birrell* 和 *Loy*（*1979*）描写了媒体对体育的四种功能：提供信息、社会融合、激励和逃避。*Gruneau*（*1989*）发现，娱乐是媒介化体育的重要元素，主要关注有观赏性的体育表演、戏剧性事件和危险事物。电视体育制片人会强调这些因素。*Nixon* 和 *Frey*（*1996*）认为，电视在一些方面影响着体育，如提高体育的普及率、增加薪水、改变项目比赛规则使其更益于电视观众欣赏比赛。*Coakley*（*1998*）也描述了媒体对体育的影响。他研究的是电视对网球这一特定运动项目的影响，由此判断体育是如何受媒体影响的，其依照以上所提的文献评估研究结果。

要注意，这一文献综述不过是简单的资料罗列，作者的心思没有用在将他人的科研工作与自己的研究问题相联系起来，也没有判断文献的主题与方式。另外，作者在评述中对相对不重要的文献与重要的文献耗费的篇幅是一样的。

如何提及参考文献作者

你在文献综述部分（以及报告的其他部分）需要引用他人的著作。引用包括三个基本部分。

1. 直接引用、改述或概括原作者的文稿。例如以下是 Coakley 的学术著作《体育社会学：议题与争议》（Sport in Society：Issues and Controversies）的节选，可能用在文献综述中（引号内代表是直接引用）：

“今天，国际体育更像是大型跨国公司的商业展示活动而不是民族国家的展示活动。”

2. 文中使用缩略引用表明观点来源。正常情况下（尽管不是经常），缩略引用放在观点陈述的后面，如：“……大型跨国公司……”（Coakley 1998，第 417 页）。这表明引文的作者是 Coakley，于 1998 年出版，引文在第 417 页。如果你只是用自己的文字重新阐述了 Coakley 的观点，就不需要标页码。如果你的引文来自 Coakley 同一年发表的不同作品，你应使用 1998a，1998b 等作以区别。

3. 研究报告结尾处参考文献的全面信息。列出 1998 年 Coakley 发表的这本书，有利于读者了解到引文或观点的全面信息。如：Coakley，J.（1998）Sport in Society：Issues and Controversies，Boston：McGraw – Hill。

整个参考文献应以字母顺序进行排序。这样方便读者查找到文中的参考文献，找到资料的所有详细信息。

列出参考文献有许多目的。Jankowicz（2000）提出过一系列作用，我们可以看到其中重要的目的如下：

■ **表示引用**。如果你引用其他作者的文字，你必须用引号表明，并写出参考书目，而不能声称其为自己的。如前所述，直接引用时，你应标清页码，比如：

“直到最近，大多数社会学家，社会历史学家和许多人类学家都忽视了体育可以成为成果丰富的潜在研究对象。”（MacClancy 1996，第 1 页）

■ **证明重要的观点。**如果你阐述了一个重要的观点，那么就需要利用参考文献支持你的观点。举例来说，你要证明如下“体育是一个长期被忽视的学术研究领域之一”，然后论述了其影响。在论述的结束部分，你需要列出持相同观点的作者以支持你的观点，例如“多年以来，体育作为学术研究的合理领域一直是被人忽视的（MacClancy 1996）”。

这表明你并不是简单的编造了这一观点，而是有来源和根据的。读者可以核查来源。注意这里不需要注明页码，因为你并不是对作者作品的直接引用。

■ **证明你的方法。**你也可以通过引用那些利用相似方法、理论或模型获取成功的研究结果的论文，以此证明你的研究方法。

■ **展示阅读的广泛。**不断提及你的参考文献的进一步益处在于可以显示你阅读的广泛（尽管你应抵制借助任何机会投入参考文献之中的诱惑）。囊括和列举那些你并没有真的阅读或使用的文献能够虚增你的参考资料，使其多于你真正阅读的文献，这看起来很诱人，但我们应该避免这种行为。

我们应尽可能地采用原文原话，而不是二次引用。如果你在阅读中（如 Coakley 1998）发现对 Hoffman（1992）的引用，你不能让别人认为是你自己直接评价和阅读 Hoffman 的文章，那会令人误解。为了避免这种问题，你应在文中标出你的引文源自其他资源（即你所阅读的信息来源）。因此，你不应写为“如 Hoffman（1992）所说，许多作品都表明了体育与宗教有明显的紧密联系……”这种写法暗示了你自己阅读了 Hoffman 的作品，而你应该标出这一信息的真正来源。如“如 Hoffman（1992，cited in Coakley 1998）所说，许多作品都表明了体育与宗教有明显的紧密联系……”，这种写法才能清楚表明你的信息来自 Coakley，而不是 Hoffman。然而，在参考文献部分，你需要列出 Coakley（1998）即可。

重要术语

哈佛参考文献注释体系

你应尽量遵守自己所在机构其风格的指导。大多数机构都采用哈佛参考文献注释体系，其包括引文作者的姓、出版年份以及直接引用时标出页码，如“……如 *Smith*（*1997*）认为”，或“……（*Johnson2001*，第 *265* 页）”。

读者可以参考研究报告中按照字母顺序排列的参考文献清单，来查找全部的引用信息。大多数期刊和书目都会使用这种参考文献注释体系，在你阅读这些文献时，注意他们是如何标注文献也很有意义的。

维护参考文献

在引用文献时，记录下所有相关资料是很重要的。无论采取什么方式来做，绝不要妄想在最后期限前几个小时能够轻松找出所有参考文献！最好的方式是随时附上记录，比如利用尾注，或者在阅读文章时将参考文献详细信息进行记录，包括对其内容的简略总结和重要的方法论，记录到电脑（别忘了保存备份！）或一套卡片索引上。你还应标出文献的来源。

构思文献综述

当撰写文献综述时，应和其他学术写作那样遵守同样的准则。通常以引言（introduction）开始，以概括（summary）结束，在引言和概括中你应涉及到文献综述中所有的次分段。如有必要，你的文献综述还可以不局限于一个章节，可分为两部分。记得引用文献，并确保将所有文献都在你的参考文献部分列出来。避免使用“众所周知的事实是……”或“人们普遍认为……”的陈述句，除非你有证据证明这些观点。你应避免使用行业术语或技术术语，尽可能增加文献综述的可读性。另外，认真检查文献中的语法和拼写，因为文献综述中的错误将会影响到它的质量。

我们还应注意直接引用的内容。在文献综述中插入大量的直接引用非常容易，这看起来是一种增加字数的迅速便捷的方法，但会产生争议。

我们建议你尽可能少的使用直接引用，只有在原作者以非常清晰、精确的方式阐述观点，并且你很难用自己的语言陈述得同样好时，才适合使用直接引用。否则，建议你尽可能用自己的语言。在实际结构方面，遵循与查找文献过程相同的思路是不错的选择。以宽泛的视角开始，介绍重要的概念和理论，然后逐渐聚焦你的评述，使其慢慢具体针对你具体的研究问题。

- 写作前，熟悉主题内容。
- 尽快构建参考文献——尽早确定和获取你需要的重要文献。
- 为撰写文献综述准备比预计需要更长的时间。通常文献综述无法一次完成，它需要多次改写。你应为此准备时间。
- 根据最初计划实施工作，但要准备好不断修改和完善。
- 必要时添加副标题指引读者。
- 较长的文献综述中，一般包括对重要研究结果的总结。
- 有选择性——包括文献与你的研究的相关性，对高质量或重要的文章要投入更多精力。
- 从选出的每项研究中提炼重要信息。不要对所有研究都花费大量时间深度探讨。
- 采用最新信息。浏览参考文献的年日，那些重要的文献是最近的？还是几年前的？如果是几年前的文献，它们还是最前沿的吗，或是被新的研究取代了？当然，在恰当时，确实应该包括这一领域“经典”的作品。

结合文献综述与研究问题

文献综述应与你的研究项目相联系，也就是说，文献综述并不单单是对文献的回顾本身，而应结合其怎样与研究项目相关联而对文献的回顾。通过阅读文献综述，读者能够了解到研究问题是怎样从文献中产生的，甚至不需要明确陈述也能明白研究问题是什么。

在文献综述结尾处，你应明确指出你在做什么，是如何增加现有文献知识的，如果可能的话，你的预期结果是什么。许多没有经验（还有一些较有经验的）的研究人员认为撰写文献综述是研究过程中很难的一部分。但我们没有简单的答案，大多数情况下你必须不断修改和调整你的文献综述。即使是知名作者在顶级期刊上发表文章时，他们也需要多次修改文献综述。因此，我们建议你尽早开始写，不要等到最后时刻！

文献综述常见错误

许多学生认为撰写文献综述是研究过程中困难的一部分，也通常是他们相对薄弱的环节。文献综述中常见错误如下：

- 简单罗列已有研究或仅是参考文献的注释。
- 参考文献没有与研究相联系，仅仅是就某一主题的全面评述。
- 没有选择和强调重要文献，同时又过于重视不那么重要的或质量较差的文献。
- 没有理解较宽范围的相关文献（不要局限于体育相关文献）。
- 依据次级资料，而不是原始文献资料（如依据图书而不是期刊文章）。
- 毫不质疑的接受现有文献的所有研究结果，而不进行批判性评估。
- 不考虑相反的结果和其他解释。
- 提出疑问，但不设法解决问题。

识别次级数据

利用现有文献不仅有助于为你提供数据收集的背景，有时还能直接为你提供回答研究问题的数据。

数据可分为两类：**原始数据**，即你自己通过问卷、访谈等收集的数据。**次级数据**，即他人已经收集的数据。次级数据的来源形式广泛，如研究文章、年度报告、政府官方出版物等等。查阅文献时，你可能会发现有助于你回答研究问题的次级数据。它们可能是未经处理的原始数据，也可能是已被分析过的数据。使用次级数据可以大量节省时间和精力，有时这些数据甚至比你自己亲身收集的质量要高。但使用次级数据也存在一些潜在问题，首先，你要确保这些数据的信效度，确保其不存在任何严重的方法论错误。其次，你还要注意数据的收集时间，其是否仍然适用，或者已经过时了。要记住，原作者收集这些数据的目的是不同的，所以，你要留意原作者研究中的特定限制，特定研究安排等。你需要在最终报告时清晰陈述你所发现的任何问题（发现局限问题却不明确的告知报告评估人是不妙的!）。在使用次级数据时，应考虑的因素如下：

- 谁收集的数据？收集数据的资历是什么？
- 收集数据的目的是什么？是否存在一些因素影响数据的收集和呈现？（例如，数据的收集是否受外界组织的资助？）
- 原作者是如何使用和分析数据的？
- 你是否见过其他研究项目也使用了这一次级数据？

个案研究

次级数据的使用

Malcolm 及同事（*2000*）想要检验一种判断，即近年来，足球观众的人口统计学特征发生了很大的变化。要进行此研究，收集原始数据显然是不实际的。

因此，他们采用了许多过去足球观众调查的次级数据。这些现有调查都提供了对足球观众构成的描述数据，但他们都没有提供观众群体特征变化的信息。但是，通过收集各个调查，利用这些数据进行纵向研究，作者可以判断得出，尽管许多专家持不同观点，但这些年来观众的构成是持续一贯的。

如何判断自己已经完成了文献综述

到某一阶段，你会感到已经到达了文献综述的尾声。这时，你需要自问如下问题：

- 是否已经包括了重要参考文献？如果阅读本领域最近的期刊文章，这些期刊作者使用的文献中有我应该参考的吗？
- 文献综述内容是否是最新的？我收集最近的资料了吗？是否有一些过时的资料？
- 我将参考文献与自己的研究问题相联系起来了吗？
- 我是否囊括了观点不同的文献？并也利用这些文献支持自己的观点？
- 我是否对文献进行了批判性评价，而不是描述性评述？
- 我是否逻辑清晰、条理分明地组织了文献综述？还是仅仅简单地罗列文献？
- 我是否指出了现有文献的缺失和不足？
- 我的研究问题是否清楚地产生于参考文献？

本章小结

1. 在研究过程中，较早的形成自己在研究主题中熟悉的领域十分重要。而这需要通过查找、阅读和评述相关文献来确定。

2. 文献综述写作也是撰写报告的重要部分。

3. 检索文献时，不要局限自己。起初要拓宽你的文献检索，查找不同的信息资源。随后，你才应针对你的研究目标渐渐集中和聚焦自己的文献。

4. 将文献与自己的研究问题结合起来，而不是简单地对某领域知识现状进行评述。

5. 现有文献有时会为你提供现成数据，帮助你达成研究目标。

活　动

“感知（feel）”文献综述的最好方式是阅读尽可能多的文献综述。选择一个你感兴趣的研究领域，利用本章介绍的所有检索文献方法查找论题相关资料，包括使用SportDiscus等数据库。确保至少有两篇文章来自于最新的同行专家评审期刊。阅读这些文章，特别注意其文献综述的写作、其结构组织、包含内容以及文献是如何针对研究问题集中起来的。

关于你的研究项目

文献综述初稿一旦完成，你需要对其进行批判性评价。考虑以下要点：

- 其是否包括了所有重要文献，有没有遗漏？
- 你是否使用了包括期刊文章在内的多种资料，还是一些书籍？
- 你是否将阅读材料进行综合来写出文献综述，还是仅仅罗列描述过去的研究？
- 你是否已将文献与研究问题联系起来，考虑文献综述对你的研究问题的意义？
- 你是否正确引用了所有文献资料，并且特别关注了次级引用？

延伸阅读

Aveyard, H. (2007) Doing a Literature Review in Health and Social Care, Milton Keynes, Open University Press.

Hart, C. (1998) Doing a Literature Review: Releasing the Social Science Research Imagination, London: Sage.

Theobald, W. and Dunsmore, H. (2000) Internet Resources for Leisure and Tourism, Oxford: Butterworth – Heinemann.

第六章 理论、概念和变量

本章主要内容：

- 介绍研究项目中理论的作用和重要性。
- 描述如何将你的问题与现有的体育学科联系起来。
- 如何构建研究的概念框架。
- 介绍和定义信度和效度的概念，描述两者关系及其在量化研究中的重要性。
- 讨论术语：信度（reliability）、确实性（credibility）、可靠性（trustworthiness）、严谨度（rigour），以及它们在质性研究中的重要性。

引 言

对于许多体育专业学生来说，知晓研究项目中理论的重要性是一个难题，然而理论是研究中应考虑的最重要因素之一，大多数情况下支撑着整个研究项目。遗憾的是，许多学生都倾向于确定好研究问题后便马上不由自主地进入数据收集阶段，认为数据就是回答问题的不二法门。然而，我们必须有一个适合的理论框架，并以此为指导进行分析、解释和说明。本章将介绍选择理论框架，以及将理论框架与研究联系起来的相关问题。

理论由概念（concept）构成，这里一个关键过程是准确地识别所涉及的概念、概念的相互关系以及概念将被如何应用于调查研究，这些有助于你将数据与你的理论框架联系起来。这是形成概念框架的过程，我们也将对此进行概述。最后，本章将阐述研究的效度和信度问题，信效度意味着你的研究在多大程度上能够测量所调查的概念。

理论和理论框架

简单地说，理论是对事物为何会发生的解释。比如你失手丢掉篮球，那么它将以特定速度落向地面。如果重复进行实验，结果将是相同的。所有结果都表明篮球每次都以相同的速度落向地面，无一例外。这就是一个非常基础的描述性研究事例。若要解释为什么会发生这种情况，那就需要一个合适的理论。在这一事例中，万有引力理论（theory of gravity）可以解释你的研究发现，即为什么篮球总以同样的速度下落。这一理论还可以用来预测其他篮球如果落地也会是同样的速度。因此，数据本身的价值有限（除了用以证明理论外），只有把数据与现有理论相联系时才能解释研究结果，并引导我们超越基本的描述水平。因此，如果你不希望自己的研究仅是描述性的，理论基础十分重要，因为只有具备支撑整个研究项目的理论基础，才能避免简单的描述性研究。在开始阶段，你就应认真思考你的理论支撑。如 Yiannakis（1992，第 8 页）所说：

> 那些没有参考理论，不基于现有知识进行的研究，或没有基于概念提出和调查问题的“散弹枪”式的研究，很可能会产生狭隘或没有普及价值的研究结果。

理论对你的研究意义重大，这里用一个相对简单的例子来说明。比如，你想到的研究问题是：“当最喜欢的队取胜时，体育粉丝对该队的认同是否更强?”恰当的测量（运动队是否获胜，粉丝对他们支持的队的认同强度如何）和收集相应的数据都相对比较简单。研究问题的答案很可能是肯定的，因为体育粉丝很可能在他们获胜时对该队产生强烈认同（为了问题的简单性，假设其他因素不会影响这种关系）。但是，对于此类没有理论框架的研究，这是唯一可以得出的结论。你无法对结果做出解释，即解释其为何会发生。你也无法充满信心地对未来进行同样结果的预测。因此，你需要将你的研究结果置于恰当的理论框架之中。在这一例子中使用社会认同理论（social identity theory）就可以赋予研究结果以意义。社会认同理论的其中一条原则是，我们倾向于认同那些积极增强我们自尊的团体，即那些别人看起来十分肯定的团体。根据这条理论，我们可以合理的假设人们会在团体得到积极肯定时（即成功时）对其持认同态度（即成为本团体的一员）。可见，采用恰当的理论有助于你解释研究结果。我们还可以利用这一理论预测未来行为。遗憾的是，很多研究都如 Phillips 和 Pugh（1994）所说的“情报收集”一样，仅是收集和呈现数据，而没有任何理论框架。从根本上讲，这就是描述性研究，简单的描述数据。比如，收集数据回答“参加 2000 年奥运会的男女运动员比例如何”这一问题相对很简单，但若使用恰当的理论，你就可能对差别产生的原因进行合理的解释。我们在第三章曾提到过，这种理论使用可能采用演绎法，即先选择理论、作出假设，然后通过收集的数据检验假设，或者你可以考虑归纳法，即根据所收集的数据形成理论，据此解释你的研究结果。

选择方法

作为一个整体，体育可被视为一个跨学科的主题。这意味着我们不能将任何单独的学术主题等同于我们所说的“体育研究”，但存在许多不同的学术方式用以研究体育。

因此，体育可以从社会学角度、心理学角度、地理学角度、经济学角度等进行研究（如：英国高等教育质量保证协会（QAA：United Kingdom Quality Assurance Agency）就提出了体育研究相关的 29 个不同的学科主题领域）。

在这些较大的学科中还有许多更具体的研究领域，或整个领域更具体的研究要素。因此，社会学家可能会对体育中的社会化或体育与宗教的关系等领域感兴趣。每个领域本身都包括许多理论，体育社会化领域包括的理论有 Donnelly 和 Young（1988）群体社会化模型（model of group socialisation）。因此，在这种情况下，我们能够看到我们大的学科框架如下：

学科	领域	理论
社会学	体育中的社会化	Donnelly 和 Young（1988） 群体社会化模型

这时，你需要开始思考你的理论方向，试图在这种框架中找到你的观点。尽管你可能在阅读论题相关资料时形成你的理论方向，但尽早判断自己要从何角度，比如社会学还是经济学等方式进行研究是很重要的。如果你是一个敏锐的曲棍球运动员，你可能会考虑提出“我想研究观众规模的大小对曲棍球比赛结果是否有影响”。这时你需要确定学科方法，此处应为心理学。通过阅读运动心理学文献，你可以确定你的领域，如果可能的话，还会确定你会使用的具体理论。比如上面这个例子中，研究人员可能会采用社会促进理论（social facilitation theory）（Zajonc 1965）。以我们的经验来看，缺乏理论意识是导致研究质量低的主要原因。你应该确定你的理论方向，并将其应用到实际情况中，例如：

学科	领域	理论	应用
心理学	观众对运动表现的影响	Zajonc（1965） 社会促进理论	观众对曲棍球比赛的影响

阐明你研究中理论的作用十分重要。因此，与其贸然开始实际操作一项足球方面的研究，不如先考虑你在研究项目中会用到的理论。这一理论随后会在适合的背景下应用。当你填写表格过程中（Jankowicz（2000）称为“来源表”（provenance table）），你可以从左到右完成，也可以从右到左或者两边同时开始进行。你可以根据自己的运动偏好（如曲棍球）选择自己的研究意向，只要你能完成“来源表”的其他部分，这种做法就是完全可以接受的。结合考虑自己的兴趣和知识专长，你可能会选择从心理学视角进行研究，那么通常在开始阅读相关文献之后，剩下来要做的就是确定你的理论基础，如社会促进理论。你也可以以一个你感兴趣的理论开始，然后完成“来源表”的其他部分。

重要术语

学　科

学科指体育某方面研究的特定方式以及研究和解释这一特定方面所用的方法、技术和理论。因此，社会学家对体育和社会之间的关系感兴趣，并构建特定的社会学理论解释体育行为。而心理学科对人本身内在因素对体育行为的影响更有兴趣。每个学科有包括许多分支学科，如社会学包括女权主义社会学、文化研究等等。

以上方法都强烈倾向于演绎研究方法（也是实证主义的）。你也可以利用理论方法进行归纳研究。你可能希望不用提前选择理论方法，而是采用严格的归纳法（比如进行探索性研究）。这种情况，你应在通篇文章构建理论的应用，包括在数据收集的结尾部分。但是即使这样，你也要确保你的研究建立在一定的理论基础之上。

如何选择理论

在研究的早期阶段，你可能会发现，寻找合适的理论或者确定哪种理论最佳是困难的。如果进行演绎研究，你需要在开始阶段就清楚自己的理论框架。即使在进行归纳研究时，恰当的理论对引导你的研究也是有用的，同时不必将自己局限于某些具体理论。在这个阶段没有捷径，通常的做法是尽可能多阅读一些与主题相关的文献。通过阅读相关主题的文献资料，识别过去研究中使用过的理论。你的文献回顾中应提醒自己，过去其他研究人员曾采用的理论方法。或者，你可以阅读更广泛些的与体育无关的文献，并从这些资料中发现理论。同样，尽量别局限自己，准备好在更广泛的社会学、地理学、管理学等方面的文献中遨游。当然，你也可以选择与导师讨论你的研究，他或许会帮助你把握方向。

概念与概念框架

前面讲过，理论是一种解释，结合理论才能赋予研究结果以意义。这些解释建立在使用概念的基础上。定义常常比概念的识别更难。我们认为概念是物体、属性或行为的呈现形式。年龄、智力、焦虑、自信等都是概念。对概念有共同的理解很重要，这样研究人员才能领会和重复他人的研究工作。因此，当研究人员在讨论某一概念时，比如智力，其他人能确切的知道它指的是什么。概念框架描述和解释研究中使用的概念、概念间的关系以及概念如何得以测量。只要对恰当的概念和概念框架有共同的理解，这些就都可以实现。Miles 和 Huberman（1994，第 18 页）写道：

“社会文化环境”（sociocultural climate）、“文化景观”（cultural scene）和“角色冲突”（role conflict）等分类都是我们贴在“思维箱”（intellectual bins）上的标签，这些“思维箱”中包括许多分离的事件和行为。所有研究人员，即使是进行归纳性很强的研究，都知道哪个箱会在研究中起到作用以及箱里都包括什么东西。“思维箱”来自理论和经验，以及研究预想的一般目标。合理摆放和命名“思维箱”，清晰把握其相互关系，有助于你形成概念框架。

形成概念框架需要五个主要步骤。

1. 识别相关概念。
2. 定义概念。
3. 概念操作化。
4. 识别调节变量和中介变量。
5. 识别变量间关系。

我们可以根据 Chelladurai（1990）对体育领导风格的研究提出假定的研究申请，并以此为例来解释这一过程。比如说，你感兴趣于教练的领导风格和所执教队随后的成功是否相关，你就可以基于以下问题提出研究申请：

“体育教练的领导风格如何影响执教运动队的表现？”（performance）

第一步即识别概念，或者说是识别观点中的“组件”（building blocks）。在这个例子中为：

- 领导风格。
- 体育教练。
- 表现。
- 运动队。

第二步，你必须定义这些概念。这有助于弄清楚自己调查的到底是什么。这些定义应尽可能来自于现有文献，或采用普遍接受的定义，以方便将你的研究与现有理论和其他人的研究结果相比较。这里，领导风格可以指教练的领导行为到底是专制的还是民主的。体育教练可被定义为对运动队的战略、战术和训练全权负责的个人。表现可以用该队的成败记录来定义。“运动队”在这里不需要定义，更重要的是确定研究中涉及运动队的具体标准，比如是职业队，不是业余队等。

在这一阶段，如果现有文献具备了充足的证据，你就可以提出一个假设而不是研究问题。正如第三章我们提到过的，假设是对概念间关系的假定，它需要实证检验。假设一般有四个要求。

1. 假设必须有合理性。假设一定要能解释研究结果，或解释所收集数据呈现的关系。

2. 假设必须可验证。如果假设无法进行实证检验，那么其是无意义的。

3. 假设要求相对少的假定条件。如果只有在大量前提条件得到满足后，假设才有效，这样也不行。

4. 要挑选比其他可能的说法或其他可能的假设更好的假设，也就是说，在能想到的假设中，选择解释力最强的假设。

无论你决定使用假设还是研究问题，形成概念框架的下一步工作都是使概念操作化。操作化概念即决定如何测量概念。如果无法实证检验你的理论，或你对概念的测量无法反映它的实际代表事物，那么即使你能构建非常好的理论架构作为研究背景，也是毫无意义的。

“测量”可能暗示着纯量化的方法。但是，即使要进行质性研究，对你要如何“测量”你的概念有一个清晰的认识也是很有必要的。如果你要用质性方法研究领导风格的影响，

试图解释为什么领导风格会对运动队表现有一定的影响，那么，你应如何识别和评估该队运动员提供的质性数据？在质性研究中，这常常是一个更重要的过程，你将在数据收集和分析的过程中形成对相应概念的理解（参阅第十三章更深入对质性分析的解释）。很显然，这与你的认识论假定密切相关（参阅第三章），即你所认为的有效的知识。

重要术语

实证的

你会经常发现人们提及的好的研究，其性质一般都是“实证的”。“实证的”是说明所得的结论是基于证据（或数据）的，而不是简单的推测或猜想。

与定义概念一样，你应尽量采用被广泛认可的概念测量（在阅读文献过程中就应对此进行识别）。原因有二，首先，这能够使你更有效地将你的研究结果和现有文献进行比较。其次，你会对你的测量的信效度更有信心（本章稍后对信效度进行解释）。在上例中，我们可以使用 Chelladurai 和 Saleh（1980）的体育领导量表对领导风格操作化，量表包含 40 个条目对教练领导风格进行评估。此处谈“体育教练”和“运动队”这两个概念的操作化就不恰当了，因为第一步中清晰的定义已经足够了。我们只需要知道他们是否是教练，是哪个队的教练。至于“表现”的操作化，引发我们思考这个概念如何才能准确的测量。刚才我们把“表现”定义为成败记

录，虽然这是测量“表现”的明显方式，但这种测量有效吗？这里我们要考虑一些因素，如某队可能表现的很好却还是输了。或者，某队表现很差，但打败了更差的队。因此，此研究中表现的概念看来还存在问题，需要进一步的思考。

量化数据的收集一般是对实际或直接测量数据的收集，但如我们讲过的那样，它们常常并不是简单直接的。尽管数据本身是明确的，但数据的操作对研究效度（本章稍后讨论这一概念）和数据如何分析都有重要的影响。举例来说，你可能对收入与对体育的兴趣之间的关系感兴趣。可以提问不同的问题确定收入。

1. 你的年总收入是多少？________
2. 你的年总收入是：
   20,000 英镑以下。　□
   20,001 英镑~25,000 英镑。　□
   25,001 英镑~30,000 英镑。　□
   30,000 英镑以上。　□
3. 你每年收入高于 20,000 英镑吗？　是 □　否□

这些问题几乎一样，但方式不同，各个问题的回复也不同。这些回答都是准确的数据，但它们可能会导致不同类型的问题结论。以上问题分别属于定距尺度数据、定序数据和定类数据。几类数据的分析方式不同，也会以不同结果回答你的研究问题。第十二章将会更深入对其讨论，然而，在本阶段，考虑清楚你要测量什么以及为何采用这种测量是十分重要的。

难以操作化的术语

在体育研究中，有一些术语很难精确地操作，你应批判性地评估自己对概念的操作化处理。这些术语包括刚才提到过的“表现”，还有“商业化对奥运会的影响”中的“影响”（effect）也很模糊。“影响”（effect）的操作化处理方式太多了，你几乎是无法精确判断“影响”指什么以及如何测量，因此这一问题几乎没有意义。

同样，“改变”（change）和“影响”（influence）也很难明确定义。所以，在构成概念框架的第二步和第三步，你应确保具备了明确有效的定义及其操作化。

测量类型

变量可进行四种量化测量：定类、定序、定距和定比。

■ 定类尺度（*nominal scale*）将对象分为不同类别。比如，依据所效力的球队将足球运动员分类就是定类尺度的例子。定类尺度不表明类别间的关系，如效力 *X* 队标为“*1*”，效力 *Y* 队标为“2”，并不表示 *Y* 队如何不同或者更好。

■ 定序尺度（*ordinal scale*）有一个等级顺序，但不显示分数间的差异。如壁球运动员的排名位置，第一名比第二名的运动表现好，以此类推排序，但并不能显示两个运动员的差异有多大。编为“*1*”的运动员并不一定会比“2”号运动员好两倍，可能只是稍好于，或者大大好于另一位运动员，而这一尺度并不测量这些。

■ 定距尺度（*interval scale*）具有相同的测量距离，如体操打分表，其分数之间是等距的，也就是说，*8. 00* 分与 *9. 00* 分的差距和 *9. 00* 分与 *10. 00* 分的差距是一样的。但是 *10. 00* 分并不一定是 *5. 00* 分表现的两倍。

■ 定比尺度（*ratio scale*）也是基于同样单位测量进行排序的，但其为比例排序，且具有绝对零点。如某篮球队得 *50* 分，那么可以说其为得 *25* 分球队的两倍。

概念经过可操作化处理后即成为了变量。最重要的两种变量是自变量和因变量。自变量是所研究影响事件中推测的原因。比如，如果性别影响其对“暴力”体育（violent sports）的态度，即假定性别对态度有影响，那么性别就是自变量。因变量即那些自变量的效果可以对其进行解释的变量，在上例中即对“暴力”体育的态度。我们在例子分析中已经讨论了领导风格可能对运动队的“表现”有影响，那么领导风格为自变量，“表现”为因变量。你需要确保自己准确判断了自变量和因变量，否则你的结论就可能没有意义！身高和篮球运动员的关系是一个夸张的例子。你可能对篮球运动员为什么比普通人更高感兴趣，可能假定参加篮球运动是自变量，身高是因变量。你很可能会找到数据支持这两个变量间的关系，但仅仅因为你弄混了自变量和因变量，你的结论就可能是打篮球导致个体长高！尽管这是一个夸张的例子，但强调了辨错变量的危险。回到我们的假设研究问题，认真检查我们是否辨清了自变量和因变量会使你具有信心。

自变量影响因变量。
领导风格影响运动表现。

因此，至少从表面来看，通过测量领导风格和“表现”，我们可以判断两者是否相关。然而，研究一般不会如此直接、简单。领导风格不是唯一影响运动表现的因素，其他变量对其关系也会产生影响，我们应识别出它们。它们被称为调节变量（moderating variable）或额外变量（extraneous variable）。所以，形成概念框架的下一步就是识别这些变量。这是很重要的，因为有太多没有说明的调节变量可能会影响研究的效度，有很多影响可能是调节变量造成的。我们假定的研究例子中，调节变量可能包括：

- 不同的竞争对手。
- 比赛类别。
- 队伍因素——伤病等。
- 天气。
- 观众的影响。
- 裁判员的表现。

由于这些调节变量，我们很难总结其“表现”是领导风格影响的结果。这时研究人员可以尽量多的识别和排除这些调节变量，比如只研究同一类比赛的运动队，只收集针对某一竞争对手的表现数据，或采用控制组，使两组的自变量（或处理变量）以外的变量都相同。但是一般情况下，你无法控制所有变量，因此下一步选择即测量这样的变量，并在你的分析中对此进行说明。这常会涉及到一些非常复杂的统计，所以你需要考虑自己是否有能力进行和评估这样的分析。通常，研究问题越集中，预期的调节变量就会越少，这也是建议你尽量集中自己的研究的很好理由！

有时你会遇到中介变量（intervening variable）。正如其名字，中介变量就是介入自变量和因变量之间的变量。比如，除了领导风格（自变量）和运动表现（因变量）的直接关系外，还可能存在涉及到另一个不同变量的关系：

领导风格	自我效能影响	影响运动表现
（自变量）	（中介变量）	（因变量）

如果你要判断自变量对因变量真实的影响，你需要控制这种中介变量。或者你可以评估自变量对中介变量的影响以及中介变量对因变量的影响。如果忽视中介变量，你的研究可能会以一个明显不真实存在的关系结尾。比如，领导风格和运动队表现可能有很强的相关性，

但领导风格并不一定影响运动表现，而是自我效能受领导风格的影响。自我效能可能对运动队表现有影响，所以研究人员将领导风格与运动表现这一并不存在的影响关系相联系起来了。

还有一个类似的假定案例可以表明，不认真核定变量间关系可能造成的潜在危险。你可能对教育和对竞技体育的态度之间的关系感兴趣，教育（自变量）影响对竞技体育的态度（因变量）。你可能会发现两者的关系，并总结出我们对竞技体育的态度由教育决定。但还可能有另一种解释，即我们的教育常常取决于父母的社会经济阶层，会不会是我们对竞技体育的态度主要由我们的社会经济背景决定？现在的情况如图 6 - 1 表示：

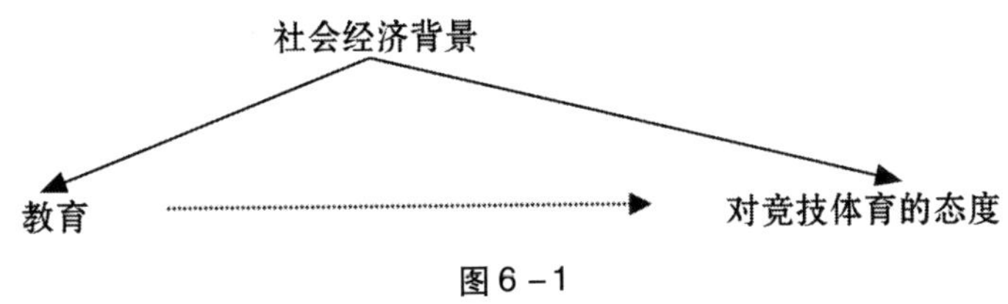

图6－1

教育和对竞技体育的态度之间可能没有联系，但你的测量却表明其存在联系（你可能得出两者有明显的相关性）。这就是一个虚假关系（spurious relationship）的例子，所以你要先确定你所测量的是真实存在的关系。识别变量后，你就可以通过图表展示其间的关系，这有助于你明晰研究目标，以及提供数据解释的框架。

通过构建概念框架，我们还可看到最初的研究问题产生了一些潜在问题，比如定义和操作化“表现”的困难，还有过多调节变量或中介变量的问题。通过这一过程，你将在研究开始之前发现这些问题，可以再次明确你的研究论题，减少可能产生的问题。除此之外，这个过程还对明确研究目标和进行恰当的研究设计以达到目标具有宝贵价值。

体育粉丝满意度的概念框架

Madrigal（*1995*）感兴趣于粉丝对观看特定体育赛事的满意度。他判断出影响满意感的并不是一个单一自变量，他从文献中识别一些会产生影响的相关概念，比如：

- 预期落差/期望不一致，或是预期结果与实际结果的差异。
- 运动队认同，或是粉丝对其运动队的喜爱程度。
- 竞争对手的水平。
- *BIRGing*，即荣辱与共的倾向（*bask in reflected glory*）。

Madrigal 认为这受到以上三个因素的影响。

▼

■ 观赛乐趣。这也受同样三个因素的影响。

Madrigal 的概念框架图，见图6-2。

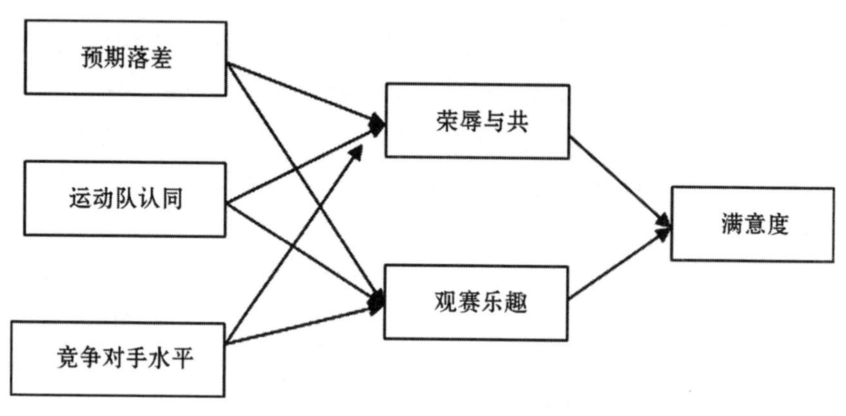

图6-2　概念框架实例

信度和效度

考虑你的理论框架有多么“真实”也很重要，也就是说，概念的定义和操作化处理真的能为你的研究问题提供准确答案吗？所以，我们用两个重要概念来评估研究的质量，即信度和效度，它们常用以评估一项研究的“真实性”。

信　度

假如你在研究体育赞助商产品的品牌使用。你向抽样调查样本询问是否他们使用特定的品牌，75%进行了肯定的回答。第二天，对相同样本再次提问，51%的回答是肯定的。哪次是正确的答案呢？显然，只有两次答案几乎相同时，你才能肯定其回答是正确的。信度一般指获取结果的一致性。有几类信度对研究人员来说很重要，尤其是以下三种：

- 观察者间信度。
- 重测信度。
- 内部一致性信度。

观察者间信度评估不同观察者对同一现象打分接近的程度，也就是说，两个研究者在同一时间观测同一行为会对此行为评分相同吗？这在许多人参与一个研究项目的数据收集时尤为重要。比如，你有一个研究团队，观察体育赛事中不利和有利的侵犯行为的比例，那么你能确保他们对相似侵犯行为作出相同的解释吗？

重测信度指不同时间进行重复观测时，研究会在多大程度上提供相同的测量结果，也就是测试会不断得到相同的分数（被测量事物没有发生变化的前提下！）。如果观测运动员在第一周完成特定运动任务的能力，而第二周进行同样测量却得出不同分数，那么运动员完成运动任务的能力的真实分数是哪次？

这样的测量被认为是不可靠的。作为研究人员，你有责任在研究中坚持对现象的可靠观测。内部一致性信度指观测中的每个问题都是观测同一现象的程度。因此，如果你用5 个条目的量表测量个体对体育的喜爱程度，那么五个问题共同分析给出整体测量，五个问题都应用于观测喜爱程度。利用量表作为观测手法时，这一点就更重要了（我们将在第八章讨论量表的使用）。

影响信度的不利因素

信度是一切成功研究项目的前提。存在一些影响信度的潜在不利因素，包括如下。

被试误差。在不同时间，被试可能给出的回答不同。如果你问参赛者对未来表现的预测，你会发现在临近比赛前和刚刚比赛后询问的结果是不同的。你可以选择在“中立”时间询问他们，比如在两次比赛之间。

研究者误差。两个研究者收集相同数据的方法可能会有些差别，可能导致不同的结果。如果涉及多个研究者，那么每个人都遵循相同的程序很重要。有时，研究者的影响很难避免，比如男女研究员访谈同一个敏感的问题时，如体育中的滥用药物问题和剥削儿童运动员问题，那么这可能导致信度降低。

被试偏差。参与者可能会提供他们认为研究人员想要听到的回复，或试着提供“正确”的答案。研究人员要尽可能强调调查的匿名性，以及提醒参与者没有“正确”或“最好的”答案。

效　度

还有一个重要的研究问题是“我如何判断所使用的方法能够观测我想测量的事物，我从这些测量中得出的结论是有效结论吗”？

这就是效度的概念。效度有几个不同的要素，你应在收集数据之前考虑所有这些要素，而不是在收集数据之后。

表面效度（face validity）。乍看起来，你的方法用来观测你想测的事物合适吗？可以询问一些受访者，他们是否认为它能充分观测你想测量的概念吗？尽管建立表面效度本身是不够的，但你不应忽视这一步，因为若无表面效度，就不可能达到效度的其他方面要素。表面效度对于预防受访者不得不回答他们认为与主题无关的调查问题而受挫也很重要。

内容效度（content validity）。它类似于表面效度，不同在于它是从专家角度进行最初评估。专家可以发现更具体的问题，以及概念的细微差别，并评判性的评估你的解释是否清楚。

预测效度（predictive validity）。你的观测能够预测未来行为吗？如果有人在体育参与的肯定态度测量中打出了高分，是否可预测他们未来的体育行为？

结构效度（construct validity）。你的数据与其他测量有关联吗？假如你测量了人们对自己健康和健身的态度，这些分数与其他分数，如使用健康/健身设备、体重、饮食、体育参与等，相关吗？这是最严谨形式的效度，你应尽可能达到这一点。

效度和信度

考虑如下事例。你想知道体育粉丝认同其热爱球队的程度是否与他们在体育场购买商品的花费有关系。研究者可能认为评估粉丝对该队喜爱程度的最好方法是一个赛季其观看比赛的次数，以此作为自变量，然后其与花费（因变量）的关系便可以确定。但这不是评估体育粉丝认同的有效方法。低收入的粉丝可能也很喜爱其运动队，但没有支付能力去定期现场观赛。由于工作或家庭事务也可能减少观赛次数。而有些家长经常出席是为了带孩子看比赛，他们自己却不是真的对运动队感兴趣。可见，其效度低。信度也是重要的问题，如果采用了不同的认同评估方法，如果只是询问粉丝他们对其运动队的认同感有多强，那么粉丝在该队刚取得胜利、失败或最近未参赛的情况下给出的答案很可能是不同的。可见，此研究缺乏信度。

因此，探寻有效又可靠的研究方法十分重要。一种解决途径是采用其他研究人员已经查明的可靠有效的方法。在上例中，采用体育观众认同量表评估粉丝认同就是合适的，这一量表已被证明既有效又可靠（*Wann* 和 *Branscombe 1993*）。

信度和效度的关系

尽管我们将信度和效度看做两个独立的概念，但是它们是有联系的。两者存在如下可能关系。

1. 测量既无效度也无信度。缺乏信度意味着有时测量是正确的（因此有效），但其他测量所得分数不同（因此无效）。你可能对个体的体育胜任感（perceived competence）有兴趣，想通过它们对自己的能力从 1 至 10 打分进行测量。在惨败后和取得好成绩后去测量会得出不同的打分。因此，测量不可靠，只有偶然情况下测量才会有效，而大多数情况下会得到不同的、无效的分数。

2. **评估可信但无效**。可能会发生多次错误的评估保持一致性，因此达到了信度，但所得分数是无效的。比如，运动员在几次惨败后分别利用1—10的量表评价自己的体育能力感，评分很可能是一致的，由于各次评估分数相同，可见评估是可靠的。但不同个体对量表的解释也会大相径庭，有人会认为7分是高分，而相同能力感的个体会认为10分是高分。因此，评估无效。

3. **评估有效但不可信**。也有可能出现分散的不可靠的分数，却最后的平均数对总体的整体是有效。每个参与者在每次不同测验中的评分各不相同，但整体平均数却是常数。比如一个被访者的真实能力感是7，但在一次表现中打5分，另一表现评9分，于是给出了有效的平均数7。

4. **评估有效又可信**。这是你在研究必须努力追求的。你需要确保你的评估能够准确反映现象，并且每次评估结果保持一致。

评估质性研究

人们对质性研究评估的方法进行了大量的讨论，在认为信度和效度概念不适用于评估质性研究越来越达成一致。Lincoln 和 Guba（1985）是最早一批提出评估质性数据应用不同的视角。这些标准包括：

信度（reliability）：这一术语的使用方式不同于通常量化研究中的应用。量化研究的信度指结果重复的程度，而质性研究中它更多的指数据收集方法的一致性。从解释角度来看，不同研究者给出不同的解释，甚至同一研究中不同时间的解释也会有差异，因此重测信度的概念便不适用了。所以，关键在于提供充分的细节以使研究可以被他人重复，而研究结果没有被精确的复制也没关系。一些学者（如 Lincoln 和 Guba 1985）曾用可靠性（dependability）来指代此概念。

严谨度（rigour）：与信度概念相关的是严谨度。信度关注过程，而严谨度检查研究者的方法论选择的适用性。所以，不仅要详细说明方法论，研究者还应证明自己的理论选择、调查对象的选择、数据收集和分析的方法等。

确实性（credibility）：这涉及到研究结果和解释的可信程度以及内部效度。研究结果能够准确反映参与者的经历吗？参与者会认为研究人员所做的故事记录是准确的呈现吗？

真实性（authenticity）：只有使用正确的方法，促使参与者真实表达其看法，研究确实为参与者和读者理解世界提供帮助时，研究才是真实的。真实性包括（Holloway 和 Wheeler 2009）：

1. **公平性**（fairness）：研究者必须对参与者公平，要获得参与者的接受，以及获得其有效的知情同意。
2. **本体论真实性**（ontological authenticity）：读者和参与者所受教育都能理解研究中的社会世界。
3. **教育真实性**（educative authenticity）：通过对本体真实性的理解，参与者可以在社会世界中更好的理解他人。
4. **触媒真实性**（catalytic authenticity）：应在研究中加强参与者的决定。
5. **策略真实性**（tactical authenticity）：研究应赋权参与者。

这些都是在收集、分析和报告数据时要考虑的重要因素。在第十三章将更深入对其进行讨论。

本章小结

1. 理论在大多数研究项目中起着关键作用。理解理论的重要性，以及清楚你在研究中使用的特定理论是研究过程中的重要部分。

2. 构建概念框架也是研究过程中的重要步骤。这一过程将促使你厘清研究中的重要概念、概念间关系以及其评估。

3. 你还需考虑效度（你的评估能够真实反映调查现象的程度）和信度（重复研究中研究结果保持一致的程度）的问题。量化研究中，效度和信度是评估研究的两个重要方面。如果进行质性研究，你能确保你的方法可靠、真实、可信、严谨和确切吗？

活 动

找出你曾阅读过的研究文章。回答以下问题。

1. 作者的理论框架是什么？
2. 研究中的重要概念有哪些？
3. 是如何定义概念的？
4. 概念是如何被操作化的？作者采用的是自己的方法还是已有文献中的方法？
5. 研究中是否涉及调节变量和中介变量？文章对其如何说明？

关于你的研究项目

现在开始找出和阅读那些使用相同理论方法的文献，将对你的下一步活动提供帮助。

- 构建你的概念框架，特别是注重概念的操作化。你将如何测量（量化测量或质性测量）所需概念？
- 你能找出调节变量或中介变量吗？如果有，你将如何说明它们？
- 若你进行的量化研究，其中对信度和效度的影响因素有哪些？若为质性研究，你如何确保收集数据的质量？
- 采取什么措施能使干扰因素降至最小？

第七章　体育学研究设计

本章主要内容：

- 描述你在研究项目中可采用的研究设计种类——实验设计、横断设计、时间序列设计、纵向设计、个案研究、扎根理论和民族志。
- 介绍抽样的概念，描述你可能会用到的抽样技术。
- 描述你的研究设计中可能用到的从样本中收集数据的方法。
- 介绍三角互证（triangulation）的概念，这是一种加强研究效度的方法。
- 概述研究设计中要考虑的伦理问题。

引　言

在形成研究目标、明确你研究中理论的作用以及概念框架后，你需要考虑以下两个问题。

1. 我需要哪些数据信息以回答我的研究问题?
2. 收集这些数据的最佳方式是什么?

你可以采用两种方式收集数据。第一种方式是在任何时间、以任何自己方便的途径收集数据。但愿这能够为你提供所需要数据来回答你的研究问题。然而，现实中这种可能性极小！而第二种方式更可取，即形成一种经过深思熟虑的方法论，有助于你系统地收集所需数据，同时最大程度增加研究结果的信效度。从本质来看，你的方法论就是你积累知识的实践方式，与获取知识的哲学——认识论紧密相关。因此，如果你已经采取了特定的认识论方法，那么其便会反映在你的方法论中。

确定方法论的第一步是考虑你的研究设计。研究设计是指导研究人员收集数据的整体“蓝图”。在下一章我们将探讨问卷设计、访谈等数据收集的具体细节，而本章我们将重点了解数据收集的宏观背景，概述七种不同的研究设计：

- 实验设计。
- 横断设计。
- 时间序列设计。
- 纵向设计。
- 个案研究。
- 扎根理论。
- 民族志。

实验设计

通常，实验设计用以判断自变量对所选因变量是否有影响。形式最简单的实验设计是测量单一群体的单一变量（X1）（因变量），将此群体进行干预（自变量），随后再次测量最初的变量（X2）。根据两次测量的差异推测干预（treatment）的影响。当然，这种设计要求你能够操控自变量。

X1→干预措施→X2

干预措施的效果 =（X2 - X1）

你可能感兴趣于内心演练（mental rehearsal）对篮球投篮表现的影响。按照上述的实验设计，你可能要求样本做20次罚篮投球，这将为你提供范围从0到20的数据（X1）。然后让他们多次内心演练成功投篮（特定环境干预）后，重新进行投篮任务，得出数据（X2）。通过将计算“内心演练”前后的平均数差异得出环境干预的影响。如：

内心演练前的平均分数 = 11.25
内心演练后的平均分数 = 13.00
内心演练的效果 = （13.00 − 11.25） = 1.75

你或许已经看出来以上研究设计的局限性了。尽管对任务的内心演练可能会引起进球数提高，但也可能仅是因为练习导致参与者任务表现的提高，你却已经确定了内心演练的明显效果，而这种明显效果在现实中是不存在的。或者由于第二组投篮的疲惫，内心演练引起的投篮提高会因疲惫感受到减损。解释这些调节变量的一种方式是使用控制组。这种设计对比随机组合的两组，对其中一组进行干预（如内心演练投篮），另一组（控制组）无需干预（不要演练投篮）。其他调节变量（如练习、疲惫等）将互相抵消，因为它们在两组中均等。干预前对每组进行因变量测量（前测），对非控制组进行干预后再次测量两组（后测）。因此，干预的整体效果即两组分数的整体差异。

第一组
X1→干预措施→X2
干预措施的效果 = （X2 − X1）

第二组（控制组）
X3→无干预措施→X4
无干预措施的效果 = （X4 − X3）

干预的净效果 = （X2 − X1） − （X4 − X3）

以此方式，重复我们之前的研究设计，我们可以更准确地计算内心演练的效果：

内心演练前的平均分数（干预组）=11.25
内心演练后的平均分数（干预组）=13.00
内心演练前的平均分数（控制组）=11.00
内心演练后的平均分数（控制组）=11.90
内心演练的影响=（13.00-11.25）-（11.9-11.0）=0.85

然后，你可检验两组的结果，看其是否存在显著性差异（第十章将探讨量化研究的这类问题）。实验设计可以在控制（实验室）环境中进行，也可以在自然环境中进行。基于实验室的设计不足之处在于，当参与者意识到自己是研究项目的一部分时，其行为会有所不同，而自然环境中收集数据会避免这一问题。然而，在自然环境中对于变量的控制会更困难。就体育研究而言，与社会科学研究途径相比，实验研究设计与自然科学研究途径更紧密，通常采用实证主义范式。

利用实验设计证明因果关系

实验设计可用于证明因果关系，即自变量导致因变量产生的效果。然而，这需要满足三个条件。

1. **协变原理**。即因变量随着自变量的变化而变化。因此，如果你让个体内心演练篮球投篮，那么若要证明因果关系，作为结果，他们的表现应该发生改变。
2. **时间顺序**。确保自变量（即原因）发生在因变量受到影响之前很重要，例如投篮表现不是在内心演练之前就开始提高的。
3. **无虚假关系**。如第六章所解释的，有些关系可能要归因于另一个变量的存在。因此，需要把所有变量考虑在内。在投篮练习的案例中，可能是练习任务导致表现的提高。

横断设计/调查设计

横断或调查研究设计可能是社会科学，尤其是体育相关研究社会科学中最常见的设计。顾名思义，研究设计从总体中抽取横断样本，比如从电话号码簿中抽取样本。最常用的方式是通过访谈或问卷调查，从参与者中一次性收集数据。然后根据数据判断变量间的关系，如果是因果关系，然后将此关系推及到整体。你可能在某些课本中看到横断设计即指调查设计。调查体育参与的性别差异就是一个横断设计的例子。如果自变量（性别）无法由研究人员操控，就不适合采用实验研究设计，而应采用横断研究设计。先对总体进行横断抽样，随后根据统计分析评估关系，如表 7－1 的交叉结果。由表可见，女运动员更喜爱团队运动项目，而男运动员可能会对某些团队运动项目的兴趣小一些。这种研究设计的优势在于方便研究者在资源有限的情况下进行研究。横断样本较实验样本更易获取，流失率较低，且总体中的随机抽样即可使结果推广至总体。

表 7－1　交叉表范例

	更喜爱团队运动项目（%）	更喜爱个人运动项目（%）
男性	51	49
女性	87	13

时间序列设计

时间序列设计是对自变量影响前和影响后持续的一段时间对因变量进行测量。比如你对大型锦标赛事后人们高尔夫运动的参与率感兴趣，你的假设是：基于 Bandura（1977）社会学习理论，越来越多的人会在电视转播大型高尔夫锦标赛之后参与高尔夫运动。所以你测量赛事前和赛事后的参与情况。结果见图 7－1。

因此，你可能认为你有证据支持你的假设，电视报道体育赛事会导致参与率的提高。然而，若进行在赛前后进行持续测量，结果如图 7－2。通过进行赛前赛后的持续测量，可见赛事刚刚结束后的参与率实际上要低于所预期的参与率！时间序列设计在识别这些问题上将发挥作用。但是，进行这类研究所需的时间较长，使得这种方法不适于学生研究项目，除非采用二手数据。

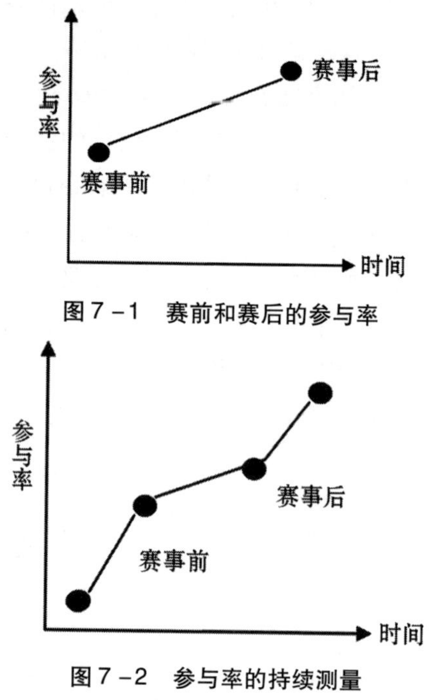

图 7－1　赛前和赛后的参与率

图 7－2　参与率的持续测量

纵向设计

纵向设计使用相同样本组，并在持续一段时间对特定变量进行测量。比如，你想测量某体育组织的管理政策变化后职员的行为，以评估变化的影响，或者你希望追踪一群学生通过学校体育课程其体育相关技能的变化情况。你可以测量得出行为 X1（研究初始），X2（6 个月后），X3（12 个月后）等，所涉及的时间可以为几周，也可以为几年。处理纵向研究需要注意，其较横断研究耗费的时间和资源要多，常常会有参与者退出的问题。还有一种方法是利用横断设计近似计算纵向设计，不过这并不完全可取。这种做法是使样本回忆过去的态度和行为，描述他们现在的态度和行为，预测将来的态度和行为。这种研究设计显然令人质疑，但当时间有限和退出率问题很严重时，其有可取价值。代替传统纵向设计的另一种方法是选择不同发展阶段的群体。比如你可能青春期人群对竞技体育态度的发展感兴趣，不是在持续时间段测量单一群体，而是选择同一时期不同年龄段的样本，并对这些样本进行比较，这在本质上是横断研究设计。

重要术语

前瞻性研究

当阅读纵向研究或时间序列研究相关文章时，你可能会遇到前瞻性研究这一术语。这意味着先对研究对象进行第一次选定，然后进行持续追踪，这与回顾性研究截然相反。在进行干预或环境变化的情况下，再次选定这些研究对象。在任何事件发生后都收集相关数据并分析。回顾性研究常遵循横断设计。前瞻性研究的信效度更强，但需要研究人员投入更多的时间。

个案研究

个案研究是对某特定案例进行集中彻底的研究；个案指特定的实例。比如你可以对以下对象进行个案研究：

- 一个组织。
- 一个运动队。
- 一所学校。
- 个人。

有人认为要理解人类行为不仅需要对其持续时间发展的分析，还需要分析活动发生的环境和背景。个案研究的使用是为了全面理解一系列问题，以及它们与特定群体、组织、运动队或个人如何相关。这些问题的研究常需要多种方法，并持续一段时间。

Gall 及其同事（1996）提出个案研究的四个特点。

1. 通过聚焦具体案例来研究现象。

2. 对每个案例都进行深度研究。

3. 在自然背景下研究现象。

4. 个案研究是从案例中人物的视角进行研究，而不是从研究人员的视角。

根据 Yin（2008）的观点，你会认为在以下三种情况下考虑使用个案研究设计。

1. 你的理论认为特定背景下会产生某种结果。因此，你需要选择合适背景的案例。

2. 可以描述和解释一个特定或罕见的情况。

3. 描述和解释还未被具体研究的案例。

个案研究

对单个运动员的个案研究

早期在体育研究中占主要地位的实证主义非常重视选择较大的样本量，由此得出的研究结果可以推及到更大的总体。而个案研究寻求对行为模式和特定环境中现象的判断，因此谋求深度而不是广度，也就意味着小样本量，甚至是一个样本，也是合适的。*Sparkes*（*2000*）对由于伤病而提前结束运动生涯的精英运动员的经历感兴趣。他对某一运动员进行了传记式研究，利用解释自传的符号互动论方法（*symbolic interactionist approach*）。这种方法是“收集包含对个人生活转折点描述的生活记录，并进行研究使用”（引自 *Denzin 1989*，第 *69* 页，*Sparks 2000*，第 *16* 页），从多学科角度深入研究个体，以及与参与者的持续接触。通过持续的互动式访谈，*Sparke* 收集到调查对象的大量数据，得出结论：调查对象强烈的运动认同对于损伤来说如“阿喀琉斯之踵”。如

▼

此一来，尽管结论无法直接推及总体，但是研究结果表明，对“阿喀琉斯之踵”的理解使得保健和身体活动方面的专业人士更好地处理运动损伤和疾病问题，提高运动员恢复水平和运动经历。

对单个运动员的个案研究所得出的研究结果能够使研究人员感知“完整的”运动员经历，并进行深入研究，而这种深入研究常只有个案研究方法才能进行。若果选择的样本量更大，那么研究人员完全可能失去一些深入的研究。

扎根理论设计

扎根理论与归纳研究方法紧密相联（参阅第三章）。无需带着预定的理论和观点进入研究领域，研究人员对可能的研究结果最多只有一个大概观点。理论依然是研究的重要部分，但形成于最初的数据收集，而不是检验预定假设。这些理论随后被检验和修改。结合使用归纳和演绎方法，根据更多的数据不断修改理论。这确保了理论扎根于数据。尽管这种方法拥有毋庸置疑的优势，但十分耗时，数据收集和分析的持续过程意味着其超越了许多研究项目的范围。这对于学生研究来说很可能是个冒险的策略。

民族志设计

作为体育社会学研究的一种研究设计，民族志研究被越来越多的人接受。我们在第十一章将对民族志进行深入的探讨，此处只简单列出主要概念。从本质来看，民族志指通过融入群体文化对这一群体进行的深入研究，并且通常利用多种数据收集方法进行持续一段时间的研究。其目的是以群体成员的视角理解群体行为或文化，而研究人员成为被调查群体的一部分。数据的收集也更为灵活，只要可获取的资料合适就可收集数据。

抽样问题

一旦确定自己需要何种信息，以及以何种研究设计收集数据带来信息之后，你需要明确从何处收集信息。在大多数情况下，调查总体过大，不便于收集其中每个个体的数据，所以必须进行抽样。样本指特定总体中的子集。总体指所有具备研究人员定义特性的与调查相关的事物。因此，对于男子职业网球运动员焦虑感的研究，其总体即为所有男子网球运动员。对于量化研究来说，多数情况下，抽样的目的是从总体中挑选较小数量的个案，从而获取整个总体的信息。样本的回应若有外部效度，就可被应用于整个总体。举例来说，如果你要识别 NBA 球迷第一次到现场观看比赛的最常见原因，你不可能去询问每个 NBA 球迷，于是将选择一部分球迷作为整体的代表。如果从样本中发现 50% 是由父亲带去观看比赛的，那么可以认为这很可能是整个 NBA 球迷总体的情况。

对于质性研究来说，找出代表群体并从中收集数据不是那么重要，而更重要的是确定一个相关群体，如选择一个能够很好的证明某理论或模型的样本，或仅是调查研究人员感兴趣的单一群体，在后种情况下，结果无法推广至整个总体，而你应以推广理论为目的，即你的结果可用于发展、完善或只是确证现存理论，使其可适用于不同的样本。这被称为非概率抽样，因为由于某些原因或特征，总体中的一些个体较其他个体更容易被选中。

选择样本

选择样本的第一步是明确总体。总体包括具备研究人员感兴趣的特性的所有个案。因此，上例中的总体可被定义为本赛季所有参加 NBA 比赛的观众。

总体的数量和地点各不相同，而你通常需要限定自己的总体，或者是更严密地定义你的样本。这样你就不得不将总体定义为特定篮球队的球迷。但显然其劣势在于你可能会失去可推广性，即你所选球队的研究结果适用于 NBA 其他球队的程度。

第二步是确定抽样方法。大多数情况下，你的目的是提供一个代表总体的样本。多年前有一项令人瞩目的研究，即英国足协的关注英超调查（FA Caring Premiership survey）。这些问卷用于调查英超联赛中球队球迷的形象、态度和行为。考虑到总体的规模，显然需要选择较小的样本。对关注英超调查的一个重要批评是许多问卷在赛日秩序册中分发。这样可获得的样本，即完成并交回问卷的样本，很可能无法代表总体。这些样本很可能无法代表那些不够富裕、无法购买赛日秩序册的球迷，受教育少、不想阅读比赛秩序册的球迷，或年纪较小、父母为其买赛日秩序册并帮助填写问卷的球迷，考虑到观众的组成，这些都可能产生误导性的数据。此例中，样本的结果不大可能有信心推及总体。这表明了恰当抽样的重要性，所以值得花费时间考虑抽样方法。

可以采用许多抽样技术，量化研究最常用的如下。

1. 随机抽样。
2. 分层随机抽样。
3. 整群抽样。
4. 系统抽样。

1. 随机抽样。随机抽样中整体的每个个体被选中的可能性相同。这被认为是获取具有代表性样本的最好方法，样本产生的结果可以被推及整个总体。

第一步即定义总体，下一步是确保总体中每个个体有相同机率被选中。最简单的方法是将总体所包含的所有名字放入容器内，抽取名字直至达到所需样本数量。或者，将每个名字变为数字，利用随机数表（大多数统计课本或研究方法图书中都附有）或电脑软件选择样本。

2. 分层随机抽样。如果你明确总体的子群，如依据年龄、性别等，那么需要确保最终样本足以代表总体。这时总体被分为多个子群，并在这些子群中进行随机抽样。比如你可以将总体分为“男性”与“女性”，随机在男性参与者中选出 50% 的样本数量，剩余 50% 的样本从女性参与者中选择。这将确保最初样本能够反映总体中的相关子群。

3. **整群抽样**。整群抽样是对群体的随机选择，而不是个体。所以研究人员若对小联盟棒球赛中对待威胁行为的态度感兴趣，那么可以随机选择一些棒球队并询问这些球队的所有运动员，而不是随机选择小联盟棒球赛中的个体运动员。这种方法中，确保选择一些能够推及总体的整群十分重要。

4. **系统抽样**。这种抽样方法是选择每个相同位序的个体，如在列表中选择每第四个名字，或挑选每第七个使用体育设备的人。当列表中的名字是随机排序时，我们推荐使用系统抽样，而若非如此则会产生偏差。

还有一些质性研究者对非概率抽样方法感兴趣。许多情况下，“样本（sample）”这词在此不够恰当，“选择（selection）”更能反映这一过程，因为质性研究者主要关心的并不是推广性，而更重视可以描述、解释说明所探索现象的样本。质性研究者选择样本的方法包括如下：

- 雪球抽样。选择最初的参与者，由最初参与者确定潜在参与者。因此，你可能会选择“看门人”（gatekeeper）或总体中有影响力的人，而他们会为你介绍其他参与者，并提供接近其他参与者的途径。其潜在优势在于，通过总体中熟悉成员的介绍，可能会产生研究者和调查对象更大的信任感，使得数据质量提高。
- 理论抽样。选择能够很好证明理论的案例。比如你可能对国外经验的引进对体育组织管理文化的影响感兴趣。因此你需要选择有此经历的组织，这比从体育组织总体中随机选择更有成效。
- 典型案例。样本基于其对特定理论的“典型性”而挑选的。如你要评估法律变化对体育场馆使用的影响，所以选择你认为“典型的”某个场馆。研究结果可被推及到其他“典型”场馆的使用中。
- 极端案例。选择某一理论的极端案例。比如调查精英运动员的个性特征。你可能会想选奥运奖牌获得者为样本作为极端案例（注意这只是个假设案例……现实中你能接触到这一样本的机会最小）。
- 机会抽样。你利用未预料的机会，选择随时出现的样本。例如你可能会在无意间被介绍认识了某个重要的可提供资料的人。

- 方便抽样。选择在地点、接近性等方面方便的样本。尽量避免使用方便抽样，这常使你想把问卷分发给你经常接触的人，或访问你认识的人。不过可以把它看作一种应对方法，若不得不选择这种方法，一定要说明其局限性。
- 关键知情人抽样。选择具备特定知识的个体，如在组织中有特定角色或责任的人。

这种方法常常不可避免会有一些抽样偏误。这时你必须评估样本来源偏误并在最终撰稿中对此报告，评估偏误可能对研究结果有怎样的影响。

抽样的常见错误

抽样方法对于研究项目的成功很重要，因此值得投入时间来思考你的方法。抽样中的常见错误，尤其是本科生易犯错误如下：

- 选择方便或易获取的样本，如研究者认识的人。
- 随机选择和自愿参加结合抽样，而不提及两种抽样的潜在差异。
- 选择非随机样本，介绍其偏误。
- 在其他方法更合适时，却选择随机抽样。
- 样本量不足以达到研究目的。

确定样本量

“我的样本量应该多大?”是个常被问到的问题。但除了回答“确保它足够大”以外，并没有其他简单的答案。尤其对于量化研究的量化分析数据收集，你需要平衡尽量大的样本量的需要和分析样本的时间金钱成本限制。对于基础的描述性统计，一般要求样本量绝对极小值为30，但由于其统计功效（statistical power）有限，一般需要更大的样本量。即使对于相对较小的总体，也要尽量达到50个样本。对于更具体的推论统计，建议每组调查对象数量的绝对极小值为30，所以对男女性的对比需要60个样本，不过其统计功效有限。建议在限制条件内尽量获取最多的样本。常见错误是认为样本应为总体的某一百分比例，如10%。现实中并没有这种关系，重要的只是样本量。无论总体为5000或50000，100个样本可能会提供准确程度一样的结果。

第二个常见错误是认为样本的结果也是整个总体的真实数字。样本永远不可能精确的回答整个总体。而是在随机抽样的情况下，提供总体相关数值的可能范围。表7－2显示了样本量和真值不同范围（或置信区间）的关系。

在样本量的较少一端，我们利用一些假定研究结果可以阐明其存在的问题。比如你在研究城市居民是否对当地球队的未来主动感兴趣。从50个样本量，你可发现50%的调查对象感兴趣。而表7－2为95%的置信水平，这一数据的置信区间是±13.9，表明居民感兴趣的百分比可能在36.1%到63.9%之间，大概30%的范围，若有任何更确切的结论，这个范围显然是无法接受的。将样本量增至100，其范围可减少到40.1%～59.8%加减9.8。若有1000个居民样本，其范围将会进一步降到46.9%～53.1%。尽量获取大量样本的重要性在此得到了证明。

表7－2　样本量和研究信度

样本量	样本结果		
	10%或90%	30%或70%	50%
50	±8.3	±12.7	±13.9
100	±5.9	±9.0	±9.8

所有数据为95%置信水平

来源：选自 Veal 2006

如果面对许多子群，你还需确保样本足以代表每个子群。比如你要根据性别对比以上研究结果。如果样本回应在性别上等分，那么50个样本回应可以提供每组25个样本，而这是不足以提供充分信度的研究结果。因此，研究分析中子群越多，样本量应越大。

个案研究或民族志抽样

有一些专门针对个案研究或民族志研究的抽样问题。这种研究中你选择的案例很少采用随机抽样，而更应该是有目的的选择案例来说明特定情况。常常会依据方便性或是否有接近机会而选择；如你有机会接近某组织或体育相关机构。当你进行这类研究时，你需要考虑的问题有：

- 需要多少个案例？我要提供对某一案例影响因素的详细分析，还是对比两个或更多案例以评估这些变量相应的重要性？
- 我要找的是结果能够推及其他案例的“典型的”案例吗？如果是，我将怎样确定什么是“典型的”？
- 我要找的是能够很好的证明某一理论或模型的极端案例或重要案例吗？
- 我有机会获取所选样本吗？

个案研究

质性抽样

*Hardin（1999）*对专家级教练的教师和教练双重身份的角色冲突感兴趣。他想了解成功教师/教练的品质，查明更多成功体育指导的要求，以便日后影响其他教师/教练的行为。

从教师/教练总体中的随机抽样不能提供有效的信息，而应从专家级的教练/教师中抽样。基于过去对专业知识的研究，*Hardin* 确定一些标准用于选样。所选教练应满足如下条件：

- *5* 年及 *5* 年以上经验。
- *70%* 以上的胜负记录，或获得两次及以上的季后赛冠军。
- 执教认可（如教练奖）。

▼

■ 执教中表现出的领导能力。
■ 研究人员接触机会。

基于以上标准，*Hardin* 找到了 *5* 名教练进行深度研究，以使他得出结论，专家级教师/教练在不同角色显示出不同的特点，而且这个角色的环境不同，因此需要依据其当时的角色进行解释。

无应答偏倚

你不可能从所有样本中都得到回复，尤其是邮寄问卷等方式。调查对象可能没有足够的时间、动机和专业知识回答问卷，他们可能会不正确的填写或根本不填写问卷。所以，你最终收集的数据可能无法代表你的总体。在推及研究结果时，你需要评估其是否可以代表总体，常用方法为：

■ 开始你应检查已获样本的特性，依据年龄、性别等其他你认为重要的变量判断其是否具有任何无应答偏倚的特征。利用电脑软件包如微软操作系统 SPSS（参阅第十二章），你可以以图表形式看到特定变量的应答情况，得出应答模型。

■ 如果可以获取到相关信息，可以对比调查对象与调查总体的特性。例如最简单是对比已获样本的性别分布与总体的性别分布。如果总体性别平衡，而已获样本中男性或女性代表数额不足，那么你的样本很可能在此方面有偏倚。

■ 给未回应者发放追踪信。若能收到回应，那么对比最初未回应和最初即回应的调查对象，看其是否在某些方面存在差异。

我应采用何种方法从样本中收集数据

本章至此，我们已经讲了研究设计涉及的问题，据此考虑数据收集的整体框架。我们还介绍了抽样的问题，即从谁那儿收集数据。本章最后一个问题即如何收集这些数据。选择恰当的方法是研究过程中这一部分最后要考虑的问题。简单的说，这些方法即收集数据的技术。你可能遇到的主要方法是：

- 问卷调查法。
- 访谈法。
- 观察法。
- 参与者观察法。
- 内容分析法。

显然，方法的选择对于研究项目的成功十分重要。本书第 8 ~ 第 11 章将依次探讨每个方法，所以这里只进行概述。研究过程的这一阶段，你应能够确定自己的认识论立场，倾向于实证主义研究或是解释性研究。你还应对需要收集数据的类型有所了解，是质性数据、量化数据还是两者的结合。最后，你还应了解自己可能的样本即从谁那儿收集数据，以及想得到的样本量。现在你可以处理选择方法的问题了。虽然并没有固定的方式来做选择，但可以从下列问题获得指导。

1. 你要收集量化数据吗？如果是，若数据能够直接被观察，考虑利用观察法作为你的数据收集方法（见第十章）。如果不是，考虑使用问卷法（见第八章）。或者，如果你打算分析文本，如报纸、电视节目、信件、演讲等，那么使用内容分析法（见第十章）。

2. 我要收集质性数据吗？如果你要探索他人的思想、感觉、情绪和认知，那么考虑深度访谈法（见第九章）。如果你要自己探索这些概念，那么使用参与者观察法（见第十章）。

3. 我要对某一群体或文化进行深度调查吗？考虑使用民族志的方法（见第十一章）。

4. 我要通过三角互证加强研究结果的效度吗？如果是，考虑使用多于单一一种方法。三角互证的概念将在下面列出。

你还应考虑你自己的技能和倾向来做选择。如果你喜欢与别人交谈，那么访谈方法适合你！或者，如果你对处理数字没有信心，那么选择其他方法替代需要具体统计分析的很强的量化问卷法。不过，最重要的是确保你所选择的方法适于达到研究目标。

数据的三角互证

当你考虑研究设计时可能会考虑三角互证的适合性。三角互证的最普通形式是利用多种数据收集方法探索单一现象。例如，你可能对体育教育课上，小学生对研究课程性质的变化如何反应感兴趣。你可能利用问卷法收集数据，结果表明如果小学生们了解变化的基本原因，他们就不会对此过于关注。

如果你认真设计和检验问卷，你的结果就会具有信度。现在设想你用另一种方法继续最初的数据收集，比如访谈一组小学生样本。这些小学生也表明如果是清楚改变的基本原因，他们不会对此过于关注。这样，你的研究结果的信度就会增加，因为你通过不同方法收集数据得出的结论相同。这就是三角互证的基础，简单的说就是使用多于一种来源的数据（尽管思考欠佳的三角互证也会增加错误而不是减少错误）。一些三角互证种类包括：

- **数据**。指对不同数据来源的使用，如访谈和问卷。或者涉及不同的信息提供者，如访谈小学生或老师，或在不同时间访谈同样样本的信息提供者。
- **调查者**。不同的研究人员收集数据，并从相同数据中得出自己的结论。
- **理论的**。利用不同的理论视角审视相同的现实情况。通常这种三角互证将超越大多数学生研究项目的范围。

如我们所述，三角互证也可能增加结论的错误。在我们所举的例子中，小学生可能认为问卷数据会被他们的老师看到，不希望造成任何麻烦，所以可能积极回应课程变化。在访谈中可能会更关注这个问题，也会积极回应课程的变化。这时，研究人员撰写报告时还以为是数据的三角互证增强了结果的效度呢！所以，你需要在三角互证数据时小心，辨认可能产生的潜在问题。

结合量化和质性方法

到目前为止，本章已经指出你的研究设计将通往对量化或质性数据的收集。很多情况下，从两种方法所需要的专业知识来看，我们建议为实际进行研究中预算更多时间，保持研究的集中。

然而，如我们第二章所提过的，有时适合同时收集量化和质性两类数据，而且这样做在许多方面能够提升研究。

正如我们之前提到过的，利用不同的数据收集技术进行三角互证可以提高研究效度。两类数据相互补充。如量化数据可以很好的描述现象，质性数据可能适于获得对现象的理解。量化数据可能会抛出更适于质性分析的数据，反之亦然。你需要认真思考你混合两类数据的目的。例如你要用不同的数据收集方法审视同一现象还是采用一种方法调查本研究早期阶段产生的结果？第二种情况被认为不是方法的结合，而仅是着眼于两个单独的研究问题。

研究设计的伦理考虑

无论你的研究设计、所选择的抽样技术和方法是什么，你都需要考虑研究相关的伦理问题，即你的研究设计在社会上或伦理上是否能被接受的问题。有些研究设计（如实验设计）常会引起需要解决的重要伦理问题，你应该在开始数据收集之前解决好这些问题。在这方面小心些总比懊悔好，尤其涉及到敏感脆弱人群的研究，如孩子。所以，你的研究提案在任何情况下都应能接受伦理委员会的仔细审查，如果研究提案在伦理方面存在任何问题，就接受他们的决定。

自愿参与者、非自愿参与者和知情同意

在参与者方面而言，克服伦理问题的公认方式是征求自愿加入。但是自愿参与者的样本很可能不具代表性，较总体来说，你的样本很可能受教育程度更高，更乐于交往，对研究课题更感兴趣或更了解。这样的话，很难或者不可能将研究结果推及总体。自愿参与的动机也可能令人质疑，如美国体育相关研究中经常要求学生参与研究项目以获得学分。如果不谨慎的话，这样得来的研究结果不能推及更广的总体，因为样本具有一些不同于整个总体的特性。有时非自愿样本会被挑选，调查对象并未意识到自己的参与。在研究人员进行非介入性测量时，这是可以普遍接受的，比如记录人们使用某体育设备的频数。介入性研究则在某方面影响被调查对象的行为，如安排一个人为设计的场景，监测调查对象对场景的反应，不过这就需要在调查前更多的考虑伦理问题了。

最好的方法是知情同意。样本的选择应利用本章先前讲到的恰当的抽样技术进行。研究中的每个参与者都应在收集数据之前被告知研究的性质，以及他们提供的数据将被如何使用。但 McName 及其同事（2007）认为，知情同意不是单纯的在方框中打勾，很多时候向参与者提供的信息水平没有达到所需标准，没有告知研究的具体需要，或省略了可能误导参与者的重要细节，或者以专业术语或行话来写知情同意书，以致于参与者无法充分理解。所以，我们必须认识到知情同意并不是一个简单的证明活动，而是使参与者知道、理解所有必要的细节，以使他们在充分知情的情况下做出是否参与的决定。Berg 和 Latin（2008）将此称为“有效同意”（valid consent），很好地总结了知情同意规范。对于决定不参与的人，我们不能给予压力迫使其参与，这也很重要。任何情况下都不能直接以强迫来确保参与，即使是更温和的形式如热切的劝说也应避免。调查对象还有权在研究的任何时间选择退出，你要意识到这一点。如果告知参与者研究的确切本质会导致结果在某种程度的无效或偏见，那么你应该在数据收集后告知他们研究的目的。

欺　骗

欺骗是一个复杂的问题。支持欺骗的主要理由是假如调查对象知道调查性质会影响到结果。反对的理由是，从根本上说欺骗在社会生活是不道德的。如果对调查对象没有潜在结果，或调查对象不会受伤害或影响时，一些欺骗是可以接受的。其他欺骗行为更会受到质疑，如在一个知名的非体育研究中，Rosenthal 和 Jacobsen（1968）告诉老师哪些孩子将会有更好的学习表现，哪些则不会。尽管两组学生是随机挑选的，但预期更好的孩子最后确实发展的更好，而那些被认为发展不佳的孩子最终不如前者。这种实验可能对调查对象有很坏的影响，无论是长期还是短期。这时我们可以认为这个研究是没有正当理由的，这种欺骗也通常是不合理的。我们再次强调，即使你认为欺骗具有合理性，也要确保对此充分证明，并且将研究提案送至所在学校或机构的伦理委员会进行评估。

保密性

所有参与者都应知道谁将可能看到研究数据。能够看到研究数据的人要尽量少，只有真正需要的人看到（许多情况下只是研究者），你必须确保数据一旦被收集后，只有被授权的人才能看到。建议使用匿名确保参与者个人无法被识别，或者在数据集中对个体编数记录（但如果有个体编数与真名的备案，那么它们应被放置不同处存放）。还要考虑准确的细节，McName 及同事（2007）识别了一些保密性方面的核心问题，包括：

- 数据到底是如何被记录的？
- 如何储存？在何处储存？
- 谁能看到这些数据？
- 数据将保持多久？

评估研究的伦理问题

对体育等社会现象进行研究很难避免遇到伦理问题。务必阅读具体学科规定的行为规范。比如你对运动心理学感兴趣，你应该熟知美国心理学会（*APA*）或英国心理学学会（*BPS*）的指导准则。这些准则通常包括以下重要要求：

- 对参与者的风险应置于研究项目的利益之上。
- 参与者应自愿参加。
- 尽可能消除对参与者的风险或将风险降至最小，包括对心理、社会或身体方面的风险。
- 所有信息都应严格保密。
- 参与者有权知道研究目的。
- 参与者可在任何时间选择退出。
- 研究活动后参与者应能得知研究任务的进行情况。

在涉及到伦理问题的研究活动开始之前，你要确保你从所在机构的相关委员会获得伦理许可。

本章小结

1. 你应该认真考虑收集数据的方法，包括从谁那儿收集数据、何时收集数据以及如何收集数据。这是你的研究设计。

2. 我们介绍了七种研究设计：实验设计、横断设计、时间序列设计、纵向设计、个案研究、扎根理论和民族志。

3. 无论选择何种研究设计，你都不大可能收集到整个总体的数据。因此，你不得不从总体中较少的群体中收集数据——即你的样本。

4. 你还必须选择从样本获取数据的方法。

5. 通过某种形式的三角互证可能会增加你的研究效度。三角互证是以多于一种角度收集数据。例如可能收集质性数据，同时也收集量化数据。

6. 你还需考虑研究中的伦理问题。如果有疑问，你应申请获取你所在机构负责伦理问题委员会的批准。

活 动

再次阅读你曾看过的研究文章。你能就每篇文章回答以下问题吗？

1. 本研究采用何种研究设计？你认为研究设计适合这一研究吗？你能想出研究者可能想到的其他研究设计吗？

2. 研究使用的何种方法？为什么？

3. 你能找出可能出现的伦理问题吗？如果有，作者是否对这些问题进行了说明？

关于你的研究项目

- 你能清晰指出和证明你的研究设计吗？
- 你考虑过其他研究设计吗？
- 你考虑过使用三角互证这种方法增强研究效度吗？
- 你的研究项目中涉及哪些伦理问题？你将如何确保你的研究项目不违反准则？
- 你确定你的研究经过了相关伦理委员会的评估吗？

第八章　数据收集（一）：问卷调查

本章主要内容：

- 讨论利用问卷法来收集数据。
- 介绍研究中利用问卷调查的优势和劣势。
- 列出问卷设计和操作的问题。

引　言

目前，我们已经大量讨论了你的研究项目进行的背景，包括阅读和评价文献，阐明理论的作用，完成概念框架以及确定研究设计。多数情况下一步就是收集原始数据检验你的假设或回答你的研究问题。后续几章将探讨数据收集的问题，本章将探讨体育研究中问卷调查法的使用。

问卷调查法，可以说是体育相关研究中最常用的方法。简单来说，问卷即用来从调查对象中获取信息的标准化的一组问题。它们常与量化研究设计相关，也就是对大量样本群体进行相对简单的测量（尽管你可以用问卷法收集质性数据，但大多数情况下是不可取的，其他方法通常更为适用）。问卷一般分为四类。

1. **邮寄问卷**。问卷发放或邮寄给参与者，由参与者根据自己的时间完成。参与者再将完成的问卷寄回给研究人员。或者发送电子邮件给调查对象，使其在线完成问卷。

2. **在线问卷**。调查对象可以通过电子形式完成问卷，由研究人员将结果下载下来。

3. **电话问卷**。研究人员通过电话询问参与者，由研究人员填写问题答复。

4. **面对面问卷**。研究人员和参与者在同一场所，面对面询问问题。

问卷可以设计由研究人员填写完成（访谈完成），也可以由实验对象（调查对象）自己完成。访谈完成的问卷效果与结构性访谈相同，其特定技术的相关问题将在下章阐释。本章将概述调查对象完成问卷以及你可能用到的问卷类型。

何时使用问卷调查法

首先要考虑的问题是问卷调查法是否是你收集所需数据的恰当方法。你一旦明确研究问题，考虑相关概念（参阅第六章）和确定研究设计，接下来便可列出所需的信息，即你回答自己研究问题所需要的信息（包括解释调节变量所需的信息）。这里可以回答三个问题。

1. 我能从问卷数据中得到所需信息吗？
2. 问卷法是最佳或最恰当的方法吗？或者还有其他更适合的方法来收集数据？
3. 有没有一些方法是因为时间和经费限制而排除的，如访谈法？

问卷法适用于相对简单、从大量样本群体中获取量化信息的各种场景。这些数据随后将以图表的形式进行总结，或者通过统计分析回答研究问题。研究项目，如英超联赛调查（SNCCFR 1996－2000）就是一个很好的邮寄问卷的例子。研究的主要目的是了解大量关于英国球迷的较为简单的信息，如年龄、性别、足球相关商品的花费等信息。考虑到联赛中俱乐部的数量（总数为二十）以及成好几千的观赛者，从时间和经费来讲，访谈足够数量的球迷显然是不现实的。简单的观察法无法收集到相应的数据。而问卷法是收集大量简单数据的理想方法。若需要更复杂的信息，问卷法则不能产出这样的信息，这时其他方法将更适合。

问卷调查的优势

在之后几章学习中，你将发现研究项目中选择任一种方法都会有其自己的优势和劣势。多数情况下，你将在考虑方法的选择时对它们进行评价。而你最终需要做的就是证明你最终的选择是合适的。使用问卷法的优势在于：

- **易达到**。邮寄或在线问卷可使你从地域分散的样本群体中收集数据，且成本低于对同一样本进行访谈。另外，由于你无需到场自己问问题，如此使用问卷可以调查到更大规模的样本量。
- **减少潜在偏误**。设计优良的问卷几乎不会产生结果的偏误，而访谈中却容易发生这种情况，如你回应答复的方式，你的肢体语言（参阅第九章），或者只是在观察研究中的露面都可能导致偏误。不过，你应意识到设计糟糕的问卷也会导致数据的偏误，因此仅仅机械地使用问卷并不意味着会减少偏误。
- **匿名**。研究人员若是对一些敏感问题感兴趣，如运动员暴力、使用兴奋剂或场上的欺骗行为等，研究人员的在场可能会使调查对象感到尴尬。而邮寄问卷有助于匿名收发，因此可能提高某些回复的效度。
- **结构型数据**。问卷倾向于提供高结构性的量化数据，方便不同调查对象群体和同一群体在不同时间进行比较。这些数据通常直接转变为图表，进行统计分析。
- **留给调查对象更长时间**。调查对象完成问卷使得调查对象可在自己方便的时间填写问卷，当其想起更多信息时也可以再返回补充问卷。

问卷法的劣势

- **复杂问题的潜在问题**。问题必须足够清楚，以使参与者能够理解，而调查对象常没有机会寻求说明，尤其是邮寄问卷或在线问卷。若需要复杂问题，你可能需要到场向他们解释说明。所以，很大程度上，你会被拘囿于相对简单的问题。

▪ **无法控制谁完成了问卷。**除非你明确指定谁将填写问卷，否则很可能会被不适合的群体完成。即使你指明了应由某个人来完成，调查对象也可能将任务委托给其他人而不告知你。

▪ **无机会探究。**调查对象回答问题后没有机会使其扩展和解释其观点。

▪ **低回收率的可能。**众所周知，问卷回收率可能相当低，只有5%或略高。低回收率会严重影响研究的信度。本章稍后将专门提出提高问卷回收率的可能办法。

因特网问卷

因特网越来越成为收集数据的有效工具，较传统纸质问卷而言，这为体育研究人员提供了许多便利。Wright（2005）总结如下：

▪ 更容易接触到特定人群：在线问卷有助于你更容易识别和接触特定群体，如通过球队论坛或留言板，你可以接触到某球队的球迷。在线问卷还有助于你接触到全球样本，而不是全国水平的。

▪ “更干净”的数据：Lonsdale及同事（2006）对新西兰运动员的研究表明与回答纸质问卷的控制组相比，在线问卷提供的缺失值较少。

▪ 时间效率：在线发送问卷速度更快，同时数据分析也更快，因为答复可被下载至数据库，而不需要人工输入。

▪ 成本：通过使用因特网问卷，节省了邮寄和印刷的成本。

然而，因特网问卷也有潜在的劣势，你不应简单地把在线问卷当做克服纸质问卷问题的方法。你需要考虑：

▪ 抽样偏误：在线问卷通常不能保证参与者为总体的随机样本。例如，不是每个球迷都会在论坛上提供信息，样本可能倾向于是年轻的、更忠诚的球迷。一种解决方法是结合在线和纸质问卷，对比两组调查对象的特征。

■ 低回收率的可能：越来越多的“垃圾”邮件使调查对象很难打开这类邮件，更不用说去阅读封面信了。Lonsdale 及同事（2006）却指出在线问卷可能会引起更高的回收率，因此证据是很难解释的。

■ 提供奖品来克服低回收率可能导致个人填写多份问卷以增加获奖机会。

■ 管道问题：在线社区的成员可能厌恶研究人员的接触，以无视信息的方式回应。群版主可能会删除信息，或者是研究人员遭遇攻击性回复，尤其是他们被视为群外人时。

问卷设计

一旦明确了问卷法是收集数据的恰当方法，下一步就是问卷的初步设计。设计一份好的问卷并不容易，需要比预期更长的时间。看起来与研究目标相关的问卷比较容易拼凑，而设计出完全满足研究人员需求的问题却更加耗时。如 Oppenheim（1992）所说：

> 很多时候，我们所执行的问卷构思并不充分，甚至根本没有构思。“事实收集”是让人兴奋、有吸引力的活动，为问卷打开了一条快速且看似简单的通道；其设计中的缺陷却不能很快显现，直到结果需要进行解释时！

在设计的开始阶段，我们需要问三个问题。

1. 我需要哪些信息回答我的研究问题？
2. 我问哪些问题可以得出数据，并经过数据分析为我提供所需信息？
3. 我将如何分析从问题中获得的数据，以得出研究问题的答案？

因此，在设计问卷之前，明确你的信息需求十分重要。依据经验法则，你应尽可能保持问卷简短，同时确保它能提供所有需要的数据。不要试图囊括那些不必要的问题，即使是有趣的问题！你应能证明每个问题的加入，明确每个问卷问题将如何有助于回答你的研究问题。你还需提前思考你将如何分析数据，这将影响到你决定收集数据的类型（如定序或定比数据）。

至于你所需要的信息，你应以研究目的或目标为指导，且与文献回顾和你的概念框架相关。如果你的研究目标足够具体、详细，那么这些可以作为你的起点。

我可以问哪类问题

在设计问卷时，你可以选择不同的问题形式。最常见的形式如下。

简单开放或封闭式问题。

封闭式/预编码问题

要求调查对象从研究人员预先编好的答案中选择一个或多个选项，如：

问题 1　本赛季目前为止，你参加过多少场竞赛？（请在方框中打“√”）

少于 10 次　□
10 次 ~20 次之间　□
21 次及以上　□

若问题涉及信息相对简单，你预先知道所有可能的答案，如调查对象的性别，那么就可以使用封闭式问题。它将以最简单的形式为你提供信息，方便分析，且易得出结构性数据。对于调查对象来说，这类问题也更容易回答，比其他形式的问题的填写需要的时间更少。

开放式问题

有时，你无法预料所有可能收到的答案，或者是会想到相当多的不同答案。这时，你需要调查对象在无任何提示的情况下写出自己的答案。如：

问题 2　你认为一名好的体育教练有何特征？……………………
……………………………………………………………………
……………………………………………………………………

你可以在问卷中使用开放式问题获取数量有限的质性数据，不过你还要注意参与者很可能不想写下长篇答案来回答你的问题！开放式问题较难分析，因为调查对象可能会给出范围宽泛的答案。开放式问题的答案需要编码进行质性分析，或者如果你要量化分析时将其转化为数字（参阅第十二章和第十三章对数据分析的概述）。

采用开放式或封闭式问题

你常常要面对采用开放式问题还是封闭式问题的选择，这时不能武断决定，而应思考调查问卷的目的。以下指导原则可能有用。下列情况可以采用封闭式问题：

- 你需要量化数据。
- 你清楚地知道所有可能的答复。
- 答案一般很简单。
- 调查对象从确定好的备选选项中选择答案很重要。

▼

以下情况采用开放式问题：

- 你需要质性数据。
- 你不能确定可能的答复。
- 答案可能很复杂。
- 调查对象自己的话语很重要。

还有一种选择是结合开放式和封闭式问题，这样既为调查对象提供备选答案，又使其有机会在备选答案都不合适时有另一种回答方式。如：

问题 3　在你选择参与某项运动时，谁对你的决定产生了最重要的影响？（请在方框内打勾）

父亲　□
母亲　□
兄弟　□
姐妹　□
老师　□
其他（请写出）____________________

量　表

有时你可能需要量表测量某一概念。量表是为对某概念进行测量而设计的一系列问题，如对某事物的态度或看法。因此，几个问题共同产生一个整体分值。现有许多不同的量表技术。

李克特量表

这类量表常用于评估态度。李克特量表使得调查对象指出对某一说法的认可程度。最简单的李克特量表将给出一个陈述，让调查对象回答其同意或不同意。如：

问题4　你同意对大型体育赛事的赞助对大型公司来说是有效的市场战略吗?

同意　□

不同意　□

然而，调查对象常常不满于被迫进行这种极端的选择。李克特量表可用于测量参与者同意或不同意某一陈述的程度，对没有明确答案的问题十分有用，如不能简单用“是”或“否”回答的问题。若使用五分量表则可以赋予答复分值（调查对象可以在五个可能的答复中勾选其一），第一个答案方框内打勾为1分，在第二个答案方框内打勾为2分，依此类推，最终提供了定序数据。

个案研究

利用李克特量表确定身体活动的相关性

Heitzler 及同事（*2006*）探讨了影响 *9* 至 *13* 岁儿童参与身体活动的因素。基于以往文献，制定了许多关于身体活动的问题（或条目），如“这会使我自我感觉良好”。作者不是简单的采用“是/否”进行测量，因为那使问题过分单纯化，迫使调查对象做极端选择，所以他们的每个问题都使用了四点李克特量表，使调查对象对每个条目从 *1～4* 中进行选择，这里 *1* 代表“坚决同意”，*4* 代表“强烈反对”，如此使得调查对象在答复中有更大程度的灵活性，并且为后续数据分析提供更有效的数据。

语义区分量表

这种格式利用一个两端各有一个形容词进行参照的量表测量调查对象对特定概念的反应。如：

问题5 在开始足球比赛前我感到：

放松 □ □ □ □ □ □ 焦虑

答复与李克特量表以相同方式评分。语义区分量表有利于评估调查对象对于某一现象的态度时不强迫其进行极端选择。不过你应确保两个形容词是相关的。如“焦虑”与“自信”就不能同时使用，因为调查对象可能对两个评分同时高。

其他问题形式

排 序

排序问题使调查对象按照答案重要性进行排序。这种方法适用于当你希望调查对象考虑各个选项的价值的情况。

问题6 请将以下运动按照1～3排序，1表示你最喜爱的运动项目，3表示你最不喜欢的运动项目。

曲棍球 □
篮球 □
网球 □

对于这类问题，确保你没有太多的选项用以排序。让调查对象对十项事物进行排序，是一次十分艰难的任务。

列出问题

这类问题使得调查对象针对一个问题标出多项答案。如：

问题7 就您所知，以下哪些公司在过去的12个月里赞助过体育赛事？（请在恰当选项后打勾）

通用汽车 □
福特 □
吉列 □
可口可乐 □

过滤问题

你要避免使调查对象阅读和回答大量与他们无关的问题，因为那样会使他们失去耐心。而这时可以使用过滤问题以防止其发生。你的某些问题通常并不适用于特定的调查对象。与其强迫调查对象阅读每一题并判断是否相关，不如利用以下形式过滤掉不适用的问题：

问题 8 过去七天里，您是否付费到现场观看过体育赛事？
否 □：请跳至第九题
是 □
如果“是”，您付费观看了什么比赛？ ________________
____

采用过滤问题可以最小化完成问卷的时间，减少调查对象阅读大量无关问题时可能出现的挫折感，从而有助于提高回收率。

我应使用现有问题和量表还是自己设计

没有经验的研究人员常常认为，为了增加研究的原创性，他们应设计自己的问题或量表，而使用他人的问卷则可带来剽窃的指责。事实上，在很多情况下，你最好使用现有的问题或问卷，尤其是那些设计用来测量与你的兴趣相同的概念（当然要在你知道原问卷出处的情况下）！这些问卷已经经过了信效度检验，并且使用这些问卷有助于你更方便与其他研究结果相比较。有效可信的量表设计起来既困难又耗时，即使看来简单的概念也很难利用量表进行测量。体育是一种复杂的社会现象，体育领域的概念很少是单一维度的，即无法利用单一问题来测量，而应利用多维度来测量概念，而即使对于有经验的研究人员来说，设计这样的问卷通常也是十分耗时的任务。因此，在检索文献时，你不仅应准备好寻找相关概念和观点，还应注意这些观点和概念在过去是如何测量的。

问卷排序

一旦具体问题设计完毕，接下来重要的事是考虑问题在问卷中的排序。问题在问卷中并无固定的顺序要求，但你应注意以下要点：

- 尽量以一些需要回答客观事实的、简单的、封闭式问题开始问卷，因为使调查对象真正开始完成问卷很重要。而起初几个问题一旦完成，调查对象则更可能坚持下去。
- 你应避免将一些复杂的、要求细节的或要求长篇回复的问题放在问卷的开始部分。
- 将类似主题的问题放在一起，避免话题间的跳跃而导致不连贯。
- 在问卷的最后部分询问私人的、有潜在威胁性的问题（如果确实需要时）。

设计网络调查

我们讲过的许多原则同样也适用于网络调查。另外，你应确保调查问卷的屏幕版面布局恰当，比如无需滚动页面，问题和答案也能在同一屏幕显现等。调查对象应能在不同部分间前后翻阅，颜色和字型也应恰当，使得内容清晰易读。

问卷设计中的问题

不同于其他形式的数据收集，问卷调查通常只为研究人员提供“一次性”的研究机会。因为时间的限制以及找到更多参与者的困难性，如果问卷设计糟糕，你就没有机会再次收集数据了。因此，你应注意问卷设计中可能犯的一些错误。

措辞模糊/复杂。尽量使问题简单。研究人员看来清楚的问题，而调查对象不一定清楚，尤其是样本多样时。你还应避免使用术语或“学术”用语，这样受教育水平最低的样本才可能看懂和参加。否则，你所得的样本可能无法代表这一群体，导致无回复偏倚。

错误分组的封闭式问题。研究者易犯错误是为调查对象设定了不正确的答案。举例如下：

问题9　您每周锻炼几次？

从不锻炼	□
1～2次	□
2～3次	□
3次以上	□

那些每周锻炼两次的调查对象可在不止一个方框内打勾，引起信效度问题。你或许会漏掉可能的答案，使得所有答案都不适合调查对象。

诱导性问题。应该避免“你认为应该禁用那些可以提高运动成绩且有潜在危害的药物吗？”之类的问题，因为调查对象可能感到迫于压力而同意这一说法。在问题措辞中尽量别以任何方式影响调查对象。

双重问题。不要在同一个问题中问调查对象对于两个独立事物的观点。如“你认为橄榄球是危险的运动项目，并且应被禁止吗？”即问了两个不同的问题，却只允许一个答案。确保每个问题只测量一个概念。

问题模糊。调查对象可以以不同方式解读一些问题，如“您有规律地参与身体活动吗？”。有的人可以将“有规律”理解为每周一次，还有人可能理解为每年一次，而两种理解以其自己的方式来看都是有效的。

威胁性问题。在调查对象感到受到威胁时，我们很难获得有效信息。在研究体育暴力或使用提高成绩的药物等问题时，调查对象可能会少报，甚至否认这种情况的存在。因此，研究人员必须首先识别出威胁性问题，其次，恰当用词表述这些问题可以降低偏见，尽量以中立态度表述此类问题。若需询问此类问题，你应该突出表明调查数据的保密性。

不正确的操作化概念。若概念没有被恰当地概念化，也将不可能收集到有效的数据。比如你将效力于某一业余球队的忠诚度操作化为本赛季调查对象的参赛次数。但可能某人极其忠诚，却由于工作或家庭事务只能不定期的参赛，而这种情况下获得数据就缺乏效度。

易引起正性偏差的问题。Matlin 和 Gawron（1979）描述了一种“波丽安娜效应（Pollyanna effect）”，或者是人们趋于同意关于自己的积极的说法的倾向。因此，使调查对象同意或不同意“我通常是个诚实的人”这类问题时，一般不会得到不同意的答复。这也与福勒效应（Forer Effect）有关，即个人倾向于把模糊的、普遍的说法看作对自己个人极准确的描述。所以，“你喜欢一定程度的改变和多样”之类的问题就很可能获得很高的同意率。

没有“不知道”或“不恰当”选项。调查对象可能不知道某些问题，无法给出或不愿给出答案。确保其在不回答时也有所选择。

问卷预试

无论你认为自己的问卷设计得如何完善，预试问卷都很重要。预调查指在主要问卷调查实施之前对少量问卷调查的施行。预调查的重要功能包括：

- 检查问卷措辞对于预期样本来说是否清楚、不含糊、可理解。
- 检查问卷的排序是否清晰、有条理。
- 评估问卷的大约完成时间。
- 检查从最初发放到回收填写完毕问卷的整个问卷调查实施情况。
- 为分析问卷收集数据创造一次“演习”机会。

最后一条很有意义，却常被忽略，将预试问卷所得的最初数据输入你用以分析数据的软件包中（参阅第十二章），利用这些数据试着回答你的研究问题，以论证这些数据适用于你的研究目的。

预调查的执行条件应尽量接近主要调查的条件，并且样本群体也要尽可能接近。因此，如果你的问卷预期样本包括儿童，那么预试样本也应包括儿童。我们应对预试结果紧密监测，但发生变化，应再次进行预试，以对进一步改变进行评估。你应继续预试你的问卷直至对设计完成满意，尽管这需要多次尝试。

个案研究

评估游客对大型体育赛事或其他赛事的经济影响

英国体育总会（*UK sport 1999*）提供一组准则，指导那些关于赛事经济影响的研究。这些研究一般通过游客调查来进行，而因举办赛事在城市中产生的额外花费则通过自完成问卷进行部分评估。

通过检验问卷设计，我们可以得出怎样设计问卷才能达到研究目标。这类问卷要尽量简短以争取最大化回收率。因此，任何好的问卷中，每个问题都应有针对性的满足研究目标。

本研究的目标如下：

- 目标 *1*：计算居住在主办城市与来自主办城市之外的调查对象的比例。

- 目标 *2*：通过当地、地区、国家与国际的反响，确定赛事的辐射区域范围。

经济影响仅指外地游客的花费，所以需要一个问题来区分当地和外地调查对象，这一问题还可使研究人员得出本次活动外地游客的比例，以及明确活动的辐射范围。

问题 *1*　你居住在何处？(请具体至市或镇) ________

注意此处采用开放式问题，因为我们不可能列出所有答案。通过确保调查对象具体至市或镇来明确详细程度也很重要，否则可能得到“英格兰”这样的答案对研究是无用的。这时，居住在

▼

主办城市的调查对象可被识别，其数据收集也就此结束。

■ 目标 *3*：依据赛事中的角色对调查对象群体进行分类，如媒体、观众、参赛者、官员等。

不同群体的特点不同，因此有必要查明调查对象属于哪类群体。

问题 *2*　你的身份是？

运动员 ☐	教练 ☐
官　员 ☐	媒体 ☐
观　众 ☐	其他 ☐

这时，我们知道所有可能的答案，因此适用封闭式问题。这不仅方便分析，也方便调查对象轻松快速地填答问题。

■ 目标 *4*：查明调查对象的基本特征。

某些特征如性别等易观察出，而其他特征如调查对象所在团体的规模应包括在问卷中。注意采用过滤性问题尽量减少回答无关问题。

问题 *3*　你是独自来参加比赛的吗？　是 ☐　　否 ☐

如果是，请回答问题 *4a*

如果否，你的团队中还有多少成年人（*16* 岁以上）？　☐

如果否，你的团队中还有多少儿童（*16* 岁以下）？　☐

■ 目标 *5*：查明选择在主办城市留宿过夜的外地游客数量，并从这一子样本中查明其中多少人选择商业性付费住宿。目前，住宿是最大的花费项目，且留宿游客在其他方面通常也会花费更多。所以，确定这些人的数量很重要。利用两个问题，我们可以确定调查对象停留的位置，住宿类型以及过夜与非过夜游客的比例。

▼

问题 *4a*　您晚上住在哪个市/城镇？______________

问题 *4b*　过夜地点为：

在　家　　　□

和朋友/亲戚　□

客　房　　　□

旅　馆　　　□

露营地　　　□

其　他　　　□

如果是其他，请具体写明______________

如果所有备选项都不合适，注意确保使调查对象依然有所选择。

■　目标 *6*：确定在市区商业性付费住所过夜天数以及每晚的花费。我们刚才提到过，游客商业性住宿带来的收入是最大的经济收入来源。计算这一收入，也需要两个问题：

问题 *5a*　你在 *X* 市/城镇呆了几晚？　□

如果你没有在 *X* 市/城镇过夜，请直接跳至第六题。

问题 *5b*　如果你在 *X* 市/城镇过夜，每晚的住宿费用是多少？□

简单的分析就可计算出商业住宿人数（游客数量 × 过夜天数）和总收入（商业住宿人数 × 每人每晚平均费用）。

■　目标 *7*：确定六个标准分类项目每天的花费。

对此研究而言，确定调查对象在其他物品和服务上的花费也很重要（不仅是过夜游客），但要注意只包括在主办市/城镇的花费，因为设计问题如下：

问题 *6*　对于以下各项目，您今天将在 *X* 市/城镇花费多少钱？

餐饮 □　　秩序册/商品 □
娱乐 □　　购物/纪念品 □
旅行 □　　其他（停车、汽油等）□

■ 目标*8*：计算游客在主办城市预计总花费，以及这一预算还包括其他多少人。人们可能将赛事与其他活动结合起来，如短途旅游或公务活动。

我们要识别出这些额外花费，以避免其被混入总收入中，这就需要一个问题来计算个人在主办城市预计的总花费。在问题的最后询问此预算都包括多少人的费用。对这一问题的回答可计算出已确定的费用的人均值。

问题*7* 您在*X*市/城镇期间，预计总共花费多少钱？

总花费________

这一预算包括其他人的花费吗？ 是□ 否□

如果是，这一预算包括多少人的花费？________

■ 目标*9*：确定那些为了所调查赛事而呆在主办城市的人口比例。有时，参赛者可能不是为了赛事而呆在主办城市/城镇，因此，这些游客的经济影响不能计入赛事本身，需要一个问题来识别这些人：

问题*8* 赛事*Y*是您今天呆在*X*市/城镇的主要原因吗？

是 □ 否 □

■ 目标*10*：确定调查对象是否将其到主办城市观看赛事与假期相结合。有些人会因为赛事活动而决定旅游休假。如世界杯可能导致球迷们在主办国多呆一些时间。显然，这些经济影响大于那些仅在比赛日停留的游客。因此，收集关于这类人群的数据也很重要。问题*9* 您是否将*Y*赛事活动与度假结合在一起？

▼

是 □ 否 □

如果是，您将去哪度假________________________________

您将度假多久________________________________

您能提供这次度假旅程花费的粗略预算吗？____________

这个问题的结果使得我们能够估算出赛事活动更宽泛的经济影响。对于一些赛事（如世界杯、奥运会和英联邦运动会等）而言，这些延伸的影响意义重大，对主办地将产生重要的影响。

提高回收率

考虑问卷本身设计的同时，你还需考虑它的执行情况，即问卷如何分发给潜在调查对象、如何回收问卷以及你将如何确保回收尽量多的问卷。从学术或务实方面来说，尽量最大化回收率都很重要。学术方面来讲，低回收率可能引起人们质疑是否有特定群体没有回应，为什么没有回应，没有回应是否对结果有影响以及是否会导致数据偏倚。如果是由于问卷过于复杂使得儿童没有完成问卷，那么怎能得到整个样本的准确概述呢？从更务实的角度来看，尤其对于那些进行毕业学位论文的学生来说，低回收率可能使你发放比预期多很多的问卷，花费更大（尤其在每份问卷不仅涉及邮寄费用，还包括回复邮票时）。Frankfort – Nachimas 和 Nachimas（1996）按照优先顺序列出了提高回收率可以采用的方法（表 8 –1）。你不应只关注其中的一两种方法，而应考虑所有方法。

表 8 –1 提高回收率

序列	方法	最佳条件
1	追踪	多次追踪
2	奖励	付酬金的问卷效果会更好
3	倡议帮助	调查对象认识的人填答问卷效果最好

续表

序列	方法	最佳条件
4	介绍信	公益性的呼吁将产生的效果最好
未知	回收法	普通贴邮票的信封比商业回复信封的效果好
未知	格式	漂亮的信封；引人兴趣的题目和页面排版
未知	选择调查对象	■ 排除那些不喜欢阅读写作或缺乏此类能力的人。 ■ 对主题感兴趣或熟悉是决定回收率的主要因素。 ■ 受教育程度高的人更倾向于回复问卷。 ■ 专业人士更倾向于回复问卷。

来源：选自 Frankfort – Nachimas 和 Nachimas 1996。

封面信

任何问卷都应包括一个封面信。封面信作为一种尽最大可能提高回收率的方法非常重要。那些没有封面信的邮寄问卷通常得不到回应。网络调查也需要有一个介绍性邮件。封面信的重要目标如下：

- 介绍研究人员和他们的身份以及所属机构。
- 介绍研究项目，包括为什么进行研究以及本研究的重要性。
- 告知研究对象为什么选择他们填写问卷，必要时讲清楚选择样本的标准，以及他们的回复为什么重要。
- 告知调查对象问卷收回的截至日期。
- 在恰当时强调问卷的匿名性。

如果是电话或面对面调查，你也应该讲到以上要点，可以将封面信作为“讲稿”使用。封面信也应进行预试，以确保其没有歧义，不存在样本不清楚或与样本无关的内容。

封面信

封面信应依据每项独立的研究进行调整，此处仅举出一个范例。

亲爱的 *Johnson* 先生：

我是来自纽敦大学的研究员，正在进行一项关于体育参与的调查。通过您的帮助，这项研究将明确一些当今体育参与情况，以及了解参与者的参与经历。通过调查我们将得出您作为体育参与者重视什么以及您的需求是否能够得到满足。我们的问卷发放给了一些像您一样的人群，请您作为代表样本来回答问卷。问卷看似复杂，其实却很简单，大概需要十分钟时间即可完成。问卷并不存在正确或错误的答案，大部分题目只需在方框内打勾。对于一些问题您还可以谈论更多。请您尽量真实回答所有问题。

完成并交回问卷者将有机会赢得一些奖品。您如果希望参与抽奖，请在问卷结尾处填明。问卷的所有信息仅用于研究使用。

问卷将被绝对保密，涉及调查对象的信息在任何情况下都不会泄漏。

因此请不要担心如何回答问卷。任何第三方在任何时候都没有可能看到已完成的问卷。请您使用 *11* 月 *19* 日已付款的信封寄回问卷，十分感激。

提前感谢您的合作，期盼您的回复。

J. M. Smith
研究员
纽敦大学

执行问卷

尽管设计合适的问卷很重要，但在任何时间任何地点发放问卷也绝非易事。如果你了解总体的具体信息，那么就可以直接发放问卷。但很多情况下，你需要在赛事现场发放问卷。以下是英国体育产业研究中心（SIRC）的建议程序。

预先计划

要考虑到每个可能的调查对象群体，以使执行问卷过程收集到最佳的数据。因此，需要评估以下问题：

- 有多少个不同的调查对象群体？
- 他们何时到场？
- 他们将呆在何处？
- 怎样方便接近他们？
- 某些群体在特殊情景下填答的问卷是否会对研究有影响？

你还需要考虑问卷如何发放给潜在的调查对象，你有多少助手将帮助你完成此任务。

收　集

随后，你需要考虑问卷是否应留给样本，是日后通过邮局寄回问卷还是当面完成问卷。邮寄问卷（赛事现场发放或查看观赛者名单）被认为是花费划算的，允许参与者在自己方便的时间完成问卷。但回收率可能会低，可能还需要两次或两次以上追踪信才能达到期望的回收率。另一种方法是发出问卷后，等候参与者的完成，但这可能会出现一些问题，因为比赛期间观赛者没有时间或没心思填答问卷，所以这种方法也需集中大量资源。除非你有一个团队的协助人员，否则你若没准备好在现场花费相当长时间的话，就很难收集到足够的数据。为了解决这一问题，我们可以采用

Pol 和 Pak（1994）的方法，即在赛事期间先获取姓名和地址，比赛结束后再进行联系，具体见个案研究。

个案研究

采用两步调查设计

Pol 和 *Pak*（*1994*）发现从观看体育比赛的人们那儿收集数据会出现许多重要问题。首先，观赛者不乐意在比赛期间分散注意力，也就不喜欢在此期间填问卷或者被访谈。其次，赛后访谈也很困难，因为观众希望尽快离开赛场，并且常会因家人或其他球迷而分心。有一种可以选择的方法是：通过邮件清单识别球迷，但此清单可能只包括季票持有者，因此会存在样本偏误。为了解决这一问题，*Pol* 和 *Pak* 介绍了两步调查法的使用。他们随机选择了场馆中的座位，询问这些座位的观众是否考虑参加 *7* 到 *10* 天内的电话调查，并提供详细的联系方式。*270* 名被询问者中有 *260* 个球迷同意参加调查（*96%*）。*260* 名同意调查的球迷中，最终有 *226* 名接受了调查（*87%*）。这种方法使得 *Pol* 和 *Pak* 不仅获得了较高的回收率，而且数据的质量也更高。作者提到其唯一的缺点在于调查对象可能会忘记赛事相关细节。但是这可以通过缩短初次见面和电话调查的时间间隔而使其影响程度达到最小。这个案例表明认真的研究设计有助于识别和克服数据收集中潜在的问题。

追踪未回应者

回收问卷的截至日期过后，你需要联系那些没有返回问卷的人，通常发送追踪信函，附上一份原始问卷以及必要时附上回信所需的已付款信封。不要采用原封面信，第一次问卷已经清楚的证明了它对于收回问卷的效果是不成功的！可以表明未收到问卷可能是由于参与者的疏忽，而不是直接的拒绝。强调研究的重要性，以及参与者完成问卷所做的宝贵贡献。但你要确保自己不要以任何方式强迫调查对象完成问卷。记得在追踪信函中恰当的说明本次问卷的截至时间。

本章小结

1. 问卷通常适用于收集大量相对简单的数据。

2. 使用问卷法的优势在于对样本的可接触性、减少偏误、匿名性、结构性数据以及调查对象时间的便利。

3. 劣势包括：需要相对简单的问题、无法控制问卷的完成、没有机会探究答案以及相对低的回收率。

4. 问卷设计十分关键，需要认真的设计和进行预试调查。

5. 你可以通过一些方法提高问卷回收率，其中追踪未回应的调查对象、奖励、外部机构的帮助以及恰当的封面信都是较有效的方法。

活 动

1. 找出第四章结尾活动部分你确定的研究问题，设计一个初步问卷来收集数据以回答研究问题，并采用一系列问题形式。

2. 找出 5 人左右的样本预试你的问卷，并请他们认真评论你的问卷设计。

3. 根据预研究重新设计你的问卷。

4. 确定问卷的封面信，并针对小群样本预试封面信，请他们对此认真评论，并在必要时重新设计封面信。

关于你的研究项目

确定问卷时，请考虑以下要点：

■ 我能证明使用问卷收集数据是最恰当的方法吗？如何证明？

■ 我应采取何种方法确保收集数据的信效度？

■ 问卷低回收率对数据的信效度有何影响？如何能最大化提高回收率吗？

延伸阅读

Oppenheim, A. (1992) Questionnaire Design, Interviewing and Attitude Measurement, London: Pinter.

第九章　数据收集（二）：研究访谈

本章主要内容：

- 讨论何时适合采用访谈法作为数据收集的工具。
- 介绍研究中不同类型的访谈。
- 讨论访谈设计和访谈执行中的一些问题。
- 介绍焦点小组或小组访谈的概念。

引　言

在数据类型与数据收集方式上，访谈与结构性的问卷调查（参阅第八章）形成了对比。调查问卷是收集高度结构性的数据，它通常在研究人员不在场的情况下完成，而在访谈过程中，研究人员是关键的构成要素，其技能、特征和访谈技巧都是成功获取丰富质性数据的重要组成部分。体育研究中收集质性数据，访谈无疑是最常用的方法。如 Culver 及其同事（2003）在运动心理学研究评述中所说，目前在这一领域，访谈法是收集质性数据最常用的方法。

何时适合采用访谈法

访谈法常与质性数据的收集相关，即从调查对象视角看“为什么”（why）和“如何”（how）产生某一现象。通过访谈法可以收集那些很难或不适宜测量的概念的相关数据，使得调查对象在回答问题时有更大的自由，更有利于解答“为什么”和“如何”这样的问题，而不是“多少”（how many）和“何时”（when）。有时问卷调查的形式会限制调查对象只能写出相对简短的答案，或者使调查对象没有书写长篇答案的欲望，而访谈法则通常会提供更丰富的数据。因此，问卷法适于从大量样本收集有限数据，而访谈法更适于从小样本群体获取更丰富的数据。Veal（2006）提出三种适合访谈法的情况。

1. 群体总量小，使得量化问卷方法不适用。
2. 调查对象预期提供的信息差异大、多种多样，一般比较复杂，因此很难使用其他方法测量。
3. 研究为探索性，访谈可用于查出新信息，完善和发展进一步调查。

与以往相同，关键问题是“需要什么信息?”和“此方法是否能提供这些信息?”。如果需要丰富的质性数据，或者寻求解释性研究而非描述性研究，那么就适合采用访谈法。如果需要的是相对简单的数据，那么问卷调查是更有效的方法。

不同类型的访谈

访谈法通常可分为五类：结构式访谈、半结构式访谈、非结构式访谈、叙述性访谈和焦点小组或小组访谈。

- **结构式访谈**。从本质上来看，这相当于一个研究人员可以把问题读出来并标出答案的问卷。与调查对象完成问卷相比，它的优势在于可以对调查对象说明那些可能不清楚或有歧义的问题。
- **半结构式访谈**。这种方法采用了一套标准的问题或进程，但研究人员可以采取灵活的方法收集数据，调整问题的顺序或补充辅助问题以探究更多信息。
- **非结构式访谈**。研究人员对所涉及话题有一个大概想法，但一般由调查对象引导访谈方向。访谈进行中，研究人员可以进一步构思问题，使得调查对象可以从自己的视角提供信息，并形成他们认为重要的话题部分，而不是任由访谈计划引导。这类访谈的问题在于很多数据可能会不够集中。

■ **描述性访谈**。这种方法下，采访者给予参与者时间来描述和形成故事，讲述经历和生平事迹，在采访者几乎不干预的情况下，使得参与者讲述他们如何看待和理解身边发生的事情，故事几乎完全来自参与者。

■ **焦点小组**。从本质来看，这是一种涉及一组人的访谈，不是一对一的互动，而是小组成员间的互动将对数据的获取十分重要。焦点小组的性质类似于半结构式访谈。

访谈法的优势

质性研究中可以采用很多方法，而访谈法具备一些优势使其适用于下列情况：

■ 访谈法允许参与者用自己的话讲述自己的经历，详细描述自己认为有趣或重要的事情。

■ 访谈法较其他方法更深刻。如 Yin（1994，第 80 页）所说，访谈从当事人角度“提供其所认识的因果推论”，而不是从研究人员的视角。这使得调查对象更像是“知情人”（informant），从他们的视角提供数据，这些数据通常是很有意义的，尤其对于归纳性研究。

■ 访谈允许出现预期之外的数据。非结构式或半结构式访谈有利于产生结构性格式无法产生的重要主题。调查对象的态度和行为会无意暴露其本想对研究人员隐藏的对某现象的认识。问卷则局限于一系列由研究人员制定的问题，调查对象囿于这些问题，只是有时最后一个问题可能是“如果您有更多看法，请写在下面”，而这并不是引导参与者介绍更多信息的理想办法。

■ 面对面访谈使你有机会评估参与者的肢体语言、面部表情、语言语调等，而这些有时是很有用的。

■ 研究人员可以通过访谈法向调查对象介绍自己，以建立信任融洽的关系，尤其在可能有保密或敏感信息时。

■ 访谈法可以使你调查那些不能完成问卷的人（如受教育程度低，老人或小孩调查对象）。

■ 访谈法使得研究人员形成一种时间和历史的观念，而不是只得到问卷结果里的“静态”的反馈，这种方法将反馈置于整体的情境中，而不是只提供了点滴情况。

访谈法的劣势

访谈法在数据收集方面拥有毋庸置疑的优势，但同时也存在一些潜在弱点，需要在访谈前对此加以考虑：

■ 访谈比问卷需要更多的资源。访谈在时间和旅程方面耗费大，并且样本可能较小而无法代表总体，尤其是经费有限的情况下。

■ 通常你无意识的言语或非言语反应可能会增加结果的偏倚，如对某些反馈答复点头，可能导致知情人以他/她认为你想要的答案来回答。有时参与者认为他们必须提供“正确的”答案，而不是自己的观点，而你对每个答案的点头或摇头则会加重这种情况。

■ 一个潜在问题是受访者占主导地位，却引导访谈朝向并不需要的方向进行。这时研究人员必须准备好引导受访者返回到访谈计划中。

■ 对数据的分析会比较困难。通常对问卷的分析相对直接，需要很少或甚至不需要研究人员的解释。而对质性访谈数据进行有效可信的分析则较困难，尤其是话语模糊时。Fontana 和 Frey（1998，第 47 页）认为：“询问问题和获得答案比刚开始看起来要困难。口语常会有些模糊之处，即使我们多么认真对待问题的措辞、答案的报告和编码，这些问题总会在某种程度上出现。”

■ 对于所有自我报告的方法，数据的质量都依赖于受访者的答复。受访者面临着回忆、认识和知识错误的问题。

因此，对于所有方法都应强化利用其优势，而尽量避免其不足。恰当的探究、中立的肢体语言以及对数据的有效解释（稍后会详细探讨这些要点）都可以用以最小化访谈的偏倚。

设计访谈进程

设计访谈和设计问卷的进程大致相同，即识别所需信息，确定如何利用访谈法获取信息。两个重要不同之处在于：首先，访谈没有问卷的规定性强，可能仅是一个简短的所需探讨论题的要点清单（若为叙述性访谈可能内容更少），其次，一旦确定了问卷的结构，你就无法改变它，而在访谈期间你可以不同程度的不断调整和完善访谈进程。

在构思最初的访谈进程时，需要注意以下几点：

■ 首先介绍访谈的目的和结构，类似于问卷的封面信，向调查对象介绍重要信息。你的介绍还应“设置场景”，这时可以参考第八章中封面信的标准。

■ 将同一概念的相关问题安排在一起，不要在话题之间来回跳跃。

■ 由一个或多个“简单”问题开始，使调查对象放松、舒服地进入谈话状态。这些问题不需要直接与研究相关，因为开始阶段获得受访者的合作和信任更加重要。

■ 确保问题用词清楚、无歧义、并且使受访者可以理解，还要确保受访者清楚每个问题的相关性。若相关性不明显，或受访者认为不清楚，那么就需要对此问题的目的进行专门解释。

■ 若研究需要问一些个人或有潜在威胁的问题，那么将这些问题安排在访谈的最后，在采访者与受访者之间建立信任关系之后。

最初的访谈计划形成之后，就像问卷一样，对访谈的预试也很重要。预试访谈不仅是验证问题，它还有更重要的功能，是对采访者的有效排练，增加其真实访谈时的信心，尤其是那些没经验的研究人员。

进行访谈

使受访者感到你的专业特质、热情和信心十分重要，外貌和举止即是对这些特质的重要投射。不仅要穿着合体，还要确保你看起来对所谈论的话题知识渊博、自信交谈。因此，如果在你还未熟知你所在领域的研究之前，最好不要匆忙进入访谈。

采访的场所也很重要，应选择受访者能够自在回答问题的地方，如在他们家中或办公室。场所应相对私密，以避免他人在场引起的偏倚（确保采访不被他人偷听，否则可能会令参与者气恼）最后，采访场所不能有大量背景杂音，尤其是访谈需要录音的情况下。

访谈者所需技能不仅是简单的与他人交谈，而且要时刻心系访谈的整体目标是获取丰富、详细的数据资料来回答你的研究问题。为此，Hannabus（1996）提出以下技巧：

- 建立融洽的关系，这项工作始于你第一次接触受访者时。
- 保持讨论的进行。短暂的沉默可能有益于受访者进一步提供数据，但要避免长时间沉默。要知道何时不要打断沉默，让其发挥作用，同时准备好恰当时发表意见和进一步提问。
- 避免询问那些仅有“是”和“否”就能回答的问题。
- 避免使用受访者可能不熟悉的专业术语或抽象名称。
- 不要使用双重否定或复杂的表达方式。
- 对受访者的答复不要表现出有判断性的反应，避免任何方式的反应影响到进一步数据的收集。
- 聚焦于研究目标，不要偏离正题。

另外，Fontana 和 Frey（1999）还提出了一些有用的准则，看似显而易见却容易被研究人员忽视，包括：

■ 务必不要偏离引言和问题顺序（结构式访谈时）或问题措辞，除非你认为这样的改变可以更好的获得数据。

■ 务必不要让局外人打断访谈或讲述他们自己对问题的看法。

■ 务必不要暗示答案，或对某个反馈表示同意或异议。你自己的观点不应显现给受访者。

探究（probing）

访谈作为一种研究方法的关键优势在于你有机会探究，即研究人员采用特定技巧可能从调查对象那儿获取额外信息。我们可以采用两种探究方式：

■ **澄清探究。**这种方法允许你澄清受访者不清楚或可能误解的问题，也可以澄清你对受访者阐述内容的理解。

■ **细节探究。**这种方法用于将访谈的某一点引向更有深度的回复。如利用短句“为什么会那样?”，“您能对其充分阐述吗?”或“您能就此讲述更多吗?”常可以提高数据的丰富性和质量。你可能对人们购买体育设备的原因感兴趣。他们最初的回答可能是“我喜欢它的样子”。那么你应该就此再问“您喜欢的样子是什么样呢?”，然后进一步探究追踪，如“您为什么认为这重要?”。这种方法有利于你通过较少问题收集大量详细信息。

访谈技术的确也是需要练习的。尽管在非正式或社交场合的访谈看似很容易，但人为设定的访谈就较难了，在你最初的几次访谈后你可能会发现它们进行的并不顺利。不过不要担心，通过坚持不懈的练习你的技能会得到提高的。通常将你最初的访谈录下来是一种观察你访谈技能的好方法。或者，你可以从受访者那里获取反馈，并相应发展自己的技能。

激励受访者

访谈的整体目标是确保调查对象乐于提供所需信息，否则数据可能缺乏效度，尤其是受访者感到迫于压力参与或希望访谈尽快结束时。Frankfort – Nachimas 和 Nachimas（2006）提出三个因素有助于激发受访者与研究人员合作。

1. **务必使调查对象感到访谈有趣舒服。**此处有三个重要因素，首先研究人员的举止要给人以好印象。其次，应向受访者简单说明访谈的性质、访谈如何进行以及大概的长度。第三，访谈的场所和时间很重要，建议由调查对象来选择决定，目前来看这是很实用的。
2. **调查对象需要认为研究是有价值的。**使其感到他们对一个有价值的研究做出了贡献，这需要在最初邀请加入访谈和访谈前的简短介绍中说明。
3. **克服调查对象心中的认识障碍。**访谈需要构建信任关系，这种关系的达成一般通过介绍你是谁，为什么对此进行研究，如何选择调查对象以及确保研究的保密性。

此处还有一个因素很重要，即采访者的可信度。你应表现你进行此研究的能力和可信度，显示对访谈中关键问题的意识以及对本论题的知识水平。

询问敏感问题

在访谈的某阶段，你可能会问到敏感的问题，或者某方面有潜在威胁的问题。仅询问安全的问题，避免询问此类问题的做法固然更轻松诱人，但敏感信息对研究也很重要。如果确实需要询问敏感性问题，你应遵守以下准则：

- 确保调查对象清楚数据的保密性。
- 在初次向受访者寻求帮助时要注意用语谨慎。不要使用“我想调查……”，这意味着你要探究一些秘密，而应使用中立语言，如“我希望了解……”。
- 访谈初始不要询问敏感性问题，直到与受访者建立了信任融洽的关系后再说。
- 不要问意义不明的问题，预试访谈对于查明这些问题十分有用。
- 尽可能确保调查对象对于访谈认识清晰，明白为什么问这些问题。若调查对象可以看到问题的表面效度，那么他们则更倾向于给出答复。
- 如果你对某一个或系列问题很担心，那么告诉受访者。
- 不要强迫调查对象给出答案，他们有权不回答问题，不要使其勉为其难。

记录访谈

必须以某些形式记录访谈，因为不可能仅仅依赖回忆。通常可选择的记录方式为笔录、录音或录像。有时由调查对象决定记录访谈方法的选择，因为有些人可能对于录音感到不舒服（你必须在录音前征得受访者的同意）。做笔录有两个主要优势：第一，它排除了录音设备带来的潜在问题，如确保反馈能够听得到，电量充足等。第二，如果研究对象只记录与研究对象相关的数据，那么就可以节省查找和排除无关数据的时间。但是做笔录可能会减弱采访双方的融洽关系，采访者的注意力要分散在调查对象和写下笔录两件事上。访谈录音可能使采访者被受访者更好的发展融洽的关系，从而使得调查对象揭示更多的信息，然而这还会导致所需分析的数据增多，

需要识别和排除许多无关材料。因为每次采访你可能只有一次机会，所以我们建议你最好在录音的同时（在受访者同意的情况下），有针对性地适量做些笔记。

怎样成为一名好的采访者

Baker（*1994*）提出访谈需遵守的五个规则。内容如下。

1. **理解访谈**。你应知访谈的目的，并清楚理解调查的概念。

2. **尽心完成访谈**。以最短的时间完成访谈或尽早结束访谈是吸引人的。你应尽量在每次访谈中花费足够的时间来获取足够的数据（尽管参与者可以在任何时间退出）。

3. **练习访谈**。如预试或预检验问卷一样，访谈也需提前排练。

4. **最小化个人特点的影响**。你的年龄、服装、举止等都可能影响受访者的反馈。依据访谈的本质，你应最小化衣着、语言等的影响。

5. **利用常识**。当事情看似不对头或发生什么问题时，要依据常识进行判断。处理各种情况，在出问题时，准备好结束访谈。

个案研究

利用访谈法研究挪威伊斯兰教女子的体育和归属感

Walseth（*2007*）希望通过从一些挪威移民的伊斯兰教女性那儿收集数据，探究一个人们普遍认可的观念，即：体育可以产生和促进社区归属感。为此，她决定采用传记法，使调查对象用自己的话提供关于她们生活的全面详实的叙述，并依照时间顺序。正常情况下（并不总是如此），要求调查对象详细写出全面详实的传记数据是不现实的，所以一对一的访谈是合理的选择。其次，需要调查对象聚焦于她们认为重要的领域，而不是研究人员认为的重要领域，所以访谈法更适合。访谈包括三部分，第一部

▼

分为描述性数据，如家庭背景。第二部分为调查对象描述自己的生活，其传记故事像书一样被分为不同的章节。最后一部分是研究人员询问第二部分中没出现的但其感兴趣的内容，问题集中于体育和身体活动。

访谈结果表明，对于一些挪威伊斯兰教女性，体育作为一种社会支持、促进互惠友谊的发展，有时促使参与者感到自己是更宽泛的“想象中的”社区的一部分。其次，体育对于另一些人则如“避难所”，是逃避日常生活磨难的场所。第三，体育是一种积极认同肯定和形象建立的方式。但对于有些人，体育会引起被排斥感，尤其是调查对象与其他人之间在体育锻炼中存在障碍时。

最大化提高访谈的质量

如我们所提到过的，效度和信度的概念与访谈法和焦点小组等质性方法的关联性较小，如果用这些作为评估方法的标准，那么信度可以通过标准化采访计划来提高，保持一贯的采访环境，并在受访者的许可下录音，并由研究人员尽快转录录音。效度较难保障，因为录音是解读访谈的工具，而不是对访谈本身的分析。使质性研究达到以上标准的关键在于需要对其进行恰当的评估，例如合理性、真实性和可信度。在访谈开始阶段就应考虑许多问题，例如：

- 受访者对问题的理解正确吗？对于年轻或教育程度低的参与者尤其应注意。
- 受访者可以用言语表达他们的思想，讲出自己的真切感受吗？也就是说，以他们对语言的运用能够准确传达其感受和经历吗？研究人员需要批判性地来看这些反馈，结合自己的经历观察参与者，平静的对反馈进行评估。
- 受访者的反馈是否只适用于当时的场景，还是持续时间较长的观点？尽管人们的行为相对稳定，但反馈可能会受到采访时所发生事件的影响。

■ 受访者自己的价值观会影响反馈吗？也就是说，人们提供的信息是建立在自己认为正确的反馈基础之上，还是他们自己的态度？

Dean 和 Whyte（1978）提出采访者在访谈前需要考虑四个主要因素。

1. 受访者是否存在一些会影响到其反馈的动机？比如知情人可能由于某种反馈是否会获益。因此，研究人员应强调访谈的保密性和隐蔽性。

2. 是否存在“自发性障碍”（bar to spontaneity），即是否存在某些情况使得知情人顾虑而不愿提及的一些关于自己的负面事情？

3. 受访者是否试图迎合采访者？

4. 是否存在一些特殊情况影响反馈？如某天的体育相关新闻可能对调查对象的态度有短期影响。

访谈前应该思考所有这些因素。Dean 和 Whyte（1978）就最大化提高所获得数据的质量提出了两个建议。第一，受访者知道访谈的保密性。第二，对访谈问题进行结构性安排是很好的办法，一系列同一方面的问题有利于对效度的考虑，从而可以利用“访谈间三角互证”。采访者不能认为反馈和实际行为必然相关，这种访谈框架有利于更有效的评估何为真实，何为曲解。

在收集数据过程中，性别和种族也是重要的问题。Watson 和 Scraton（2001）讨论了这两个问题，指出研究人员必须注意他们自己的个性特征可能对数据的收集产生影响。比如白人女性和黑人女性在特定情况下会收集到同样的数据吗？他们强调研究过程中需要考虑反身性（reflexivity）问题。除了个性特征，研究人员的能力也应经过严格核定。在进行访谈之前，还需要评估采访者是否有恰当的能力和经验来进行研究。但 Biddle 及其同事（2001）指出人们很少提出这个问题，也很少这么做，即使是国际期刊发表的研究。

采访儿童

在研究儿童时，访谈将是富有成效的数据收集技术。但是，你需要注意一些要点。Holmes（1998）提出了相关要点：

- 研究儿童时最重要的因素是喜欢和他们在一起，并且对他们所说的话感兴趣。
- 如果想要建立融洽关系，作为“朋友”比作为“权威”重要。
- 如角色扮演等其他方法，也可以被看作可代替访谈的方法。
- 非正式或非结构式访谈的效果最佳。
- 千万不要把孩子叫出教室，然后采访他们，这样他们会误认为自己可能惹麻烦了。
- 伦理问题是研究人员应注意的主要问题。

电话和在线访谈

并不是所有访谈都是面对面的，有时电话或在线访谈也是合适的方法。这时花费会大幅减少，尤其是参与者分散在不同地域时，甚至有时电话或在线访谈是其唯一可行的选择。其次，有些人更喜欢通过电话或邮件与他人接触，而不是见采访者本人。最后，当面对面访谈可能会涉及到一些局限或有潜在危险的场所时，电话或在线访谈便更为适合。不过，这些方法也存在劣势。首先，采访者与参与者很难形成融洽信任的关系。其次，无法观察非言语反应。第三，没有特殊设备的情况下，电话访谈无法录音。最后，通过邮件等在线访谈可能收到简短或不详细的反馈。

访谈与样本量

质性数据收集中的样本问题（或“选择”问题）常常会令人困惑。量化分析要求尽可能大的样本量代表整体，量化方法如问卷从大量样本获取的信息相对浅薄，与此不同，质性研究的目的则在于从较少样本群体中产出“丰富”的数据，比如很多已出版的访谈研究参与者都少于6人。人们甚至争论是否大样本群在质性研究中是有害的。Kvale（1996，第103页）认为：

说起质性研究，许多研究项目如果研究中安排较少的访谈，并用较多的时间准备和分析访谈，那么其必将得益于此。或许是由于质性访谈受到量化研究的过度影响，一些质性访谈研究的研究设计便遵从了量化假定“访谈越多，研究越科学”。

对于质性研究者来说，样本量问题并不需要在研究开始时就确定，而是旨在达到所谓的“饱和”（saturation），也就是调查到了一个阶段，任何进一步的数据收集不会再提供与已有信息不同的新信息。但这一阶段很难确定。比如，你连续进行了三四次访谈而没有获得新的数据就暗示达到了饱和。而有时即使“饱和”并没有发生，但时间和花费的考虑是更重要的因素。在无法达到饱和时，我们建议你在有限的条件下尽量完成数据收集。

个案研究

质性抽样

Andrew Sparkes（*2000*）感兴趣于查明“强烈的运动员角色认同对于塑造个人对生活中冲击事件的反应，以及反应结果对个人长期发展起到阿喀琉斯之踵的复杂方式”（第*15*页），即高水平竞技体育运动员面对其竞技生涯结束时的反应。研究目标并不是要将研究结果推广到更宽泛的总体，而是理解运动员处理运动员角色认同终结的过程。在这种情况下，应有目的地选择样本，而不是随机选择，本研究选择了一个单一样本*Rachel*。通过调查*Rachel*

▼

对于运动生涯结束时的反应，*Sparke* 因此能够说明一些问题，并将此推广到其他运动员。根据一个非随机的小样本（$n=1$），*Sparke* 发现许多信息，表明了在质性研究中，数据的数量比调查对象的数量更重要。

关键受访者访谈

你可能会找到一个或多个关键受访者，由于其职位或相关经历，使得他们可以提供专业知识。关键受访者访谈常常可以补充其他数据来源，例如你如果研究政策变化对体育参与的影响，你可以从负责政策调整的个人那儿来收集数据。尽管这无法回答问题本身，但可以为你提供背景信息，以及扩展你对于此主题的知识。但你要谨慎评估他们的视角，考虑他们的各种观点。因为某一组织的雇员的观点一般不会与其组织政策相左，或对组织消极评价的。

个案研究

关键受访者访谈：规划和交通专业人士对公共健康指导的反馈

英国有许多旨在促进身体活动的政府政策。规划和交通专业人士就是重要的利益相关群体之一，其在促进日常身体活动方面起着举足轻重的作用。*Allender* 及其同事（*2009*）希望查明这些专业人士对政府指导的认识。为此，他们采用关键受访者技术，选择拥有相关知识，参与过城市交通规划或身体活动事务的调查对象。因此，关键受访者应包括：

- 交通规划人员
- 城市规划人员

▼

- 建筑师
- 公共空地规划人员和经理人
- 学校体育合作人员
- 小学班主任

焦点小组建立在这些关键受访者的基础上，识别这些已论证的指导方案将有利于推动未来规划实践；但这些指导可能会被大量其他指导淹没。研究还可总结出已证明的指导仅是对已完成事务的肯定。

焦点小组

焦点小组和访谈在许多情况下都相似，主要不同在于其是以小组访谈对象，而不是单独的调查对象。小组成员可以互相交流，交流导致讨论的更深入，促进成员观点的产生和探讨，使得产生比单独访谈更“丰富”的信息。采访者起着推进的作用，在保持话题与主题相关的同时，推进讨论的进行。焦点小组通常比访谈获取的信息更丰富。比如对青年团体的研究，年轻人可能不愿意单独与研究人员交谈，但他们会乐意在小组中与其他年轻人讨论问题。

焦点小组通常包括 6 ~ 12 个先前不认识的人（尽管你应尽量将人数控制在 8 人以内，才能确保几乎每个人都对讨论做出明显贡献）。确保小组的每个人都有所贡献，而不是由一两个人主导讨论是很重要的。你的角色类似于半结构访谈，是引导讨论，确保讨论内容的相关性，并使所有参与者都有机会作出贡献。这会是一项困难的任务，而你在讨论期间几乎不可能做任何笔记。因此，你要确保对焦点小组讨论的录音，并让一位同事做笔记记录下要点。能够视频录像会更好，因为这有利于你更轻松的识别出哪些数据来自哪位参与者。

尽管焦点小组是收集信息的重要方式，但却比其他方法需要更多组织和资源。成功的操作焦点小组方法是很难的，你常常需要执行多次之后才会充满信心，尤其是那些需要很多指导的团体讨论。因此，如果你确实准备采用焦点小组方法，那么以下提供的访谈指导值得借鉴。

个案研究

采用焦点小组讨论识别户外冒险活动的结果

许多作者都曾讨论户外冒险活动（*OAA*：*outdoor and adventurous activities*）的益处，其中两位学者（*Dismore* 和 *Bailey*）探索其对儿童的影响以及其如何影响儿童后来的学校学习情况。研究采用了解释性质性方法论，认为将儿童置于分析的中心位置，使他们以自己的视角叙述和报告他们的经历很重要。尽管访谈法也是一种可采用的数据收集方法，但焦点小组讨论能促进那些不乐于被单独访谈的人（儿童年龄为 *9～10* 岁）和不知谈何内容的人在小组讨论中萌生想法并做出贡献，因此采用后者方法。这使得作者从积极人物、情感和社会发展三方面尝试性探索户外冒险活动的益处。这时焦点小组法从较宽泛的样本中获得了较访谈法更丰富的数据。

焦点小组和研究群体的困难

对于不易于提供数据信息的群体，焦点小组的方法十分实用。比如儿童与成人采访者谈论问题会感觉不舒服。但他们可能更乐意在研究人员的指导下，作为小组的一员与其他儿童讨论问题。

有时你应注意数据的质量，因为参与者有时会提供假数据以给小组其他人留下深刻印象，所以务必要注意这些情况。

本章小结

1. 访谈法是收集质性数据的一种恰当方法，在所需信息多样、复杂或研究为探索性的情况下尤为有用。

2. 三种访谈类型：结构式访谈、半结构式访谈和非结构式访谈。

3. 通过访谈法可以收集到丰富多样的数据，尤其是访谈者在探究引出信息方面很有技巧时。

4. 进行访谈是一项技术型任务，不能轻视。数据的质量常常取决于访谈采访人的技术能力。

活 动

你应与同事就所选体育相关论题进行访谈，积累访谈经验。准备好一系列问题，并应用探究法最大化信息收集。再确定一个论题，操作焦点小组法。确保数据来自小组内的所有成员，且讨论不能被几个个体主导。

然后从实践中获得反馈。评估你作为访谈人和焦点小组组织者的优缺点，并思考如何提高自己。

关于你的研究项目

如果你用访谈法作为数据收集工具，请考虑以下问题：

- 思考你的访谈计划设计。你如何确保收集数据的信效度？
- 是否有哪些个人特性会影响到数据收集的质量？如果有，你将如何处理这些问题？
- 关于你选择被访谈对象使用的抽样方法，你能证明其合理性吗？

延伸阅读

Kvale, S. (2007) Doing Interview, London: Sage

Weiss, R. (1995) Learning from Strangers: The Art and Method of Qualitative Interview Studies, New York: Simon and Schuster

第十章 数据收集（三）：非介入性方法——观察法和内容分析法

本章主要内容：

- 介绍两种形式的非介入性方法——观察和内容分析。
- 介绍研究中使用非介入性方法的优势和劣势。
- 介绍所述各种方法的操作步骤。
- 简要概述内容分析法可能用到的各种数据来源。

引 言

分析过去十年间出版的体育相关刊物，结果表明两种主要方法在这些文献中占据主导性地位——问卷调查法和访谈法。Kellehear（1993，第1页）认为这可能是因为问卷法和访谈法是从他人获取信息明显的方法。如他所说：

> 在当今社会科学领域存在一种简单而执着的想法，即关于人的知识可以简单的通过询问而获取。我们询问人们与其相关的事物，他们就会告诉我们。

不过，人们也越来越接受其他方法，尤其是我们所说的非介入性方法（有时被称为无回应性方法（non - reactive measures））。

非介入性方法对所调查的社会环境没有任何影响，不要求调查对象和研究者进行互动，因为那可能影响到所收集的数据。本章介绍两种形式的非介入性方法——观察法和内容分析法，以及两种方法在体育相关研究中的使用。

非介入性方法的优势

- 非介入性研究不会以任何方式干扰或影响社会环境。由于这些方法并不引人注目，参与者不会对此产生反应和改变他们的行为。因此，它们常常可重复，研究人员可以再次访问研究地点收集额外数据。
- 非介入性方法在测量实际行为方面可能更强，而实际（actual）行为常常与报告（reported）行为并不相同。访谈、焦点小组和问卷调查中，调查对象可能提供虚假或错误的数据。因此，采用这类非介入性方法方法可以加强信度和效度。
- 信息获取途径更简单。对于一些非介入性方法，如一些观察性数据收集，有时并不需要获得许可。

非介入性方法的劣势

- 由于研究人员并不以相同方式与参与者互动，因此可能很难理解或解释调查现象。它可能相对比较直接地描述发生了什么，而很难清晰理解为什么会发生。
- 访谈中调查对象为展示某种形象或表达某种观点而曲解回应，同样地，非介入性方法收集的数据也可能被曲解，尤其是调查对象意识到研究的情况下。
- 对于非介入性方法，如观察法，若不采用专业摄影或录像设备就很难收集数据。

观察法与参与者观察法

可以说，观察法具备许多优势，但却是体育研究中最被忽略的研究技术。问卷法和访谈法依赖于研究中参与者的自我陈述，而那些希望改变自己相关信息或无法准确回忆或表达事件的调查对象则可能造成偏倚。另一种可选方法不是询问人们相关信息而是对行为进行观察。观察法通常被分为参与（participant）观察和非参与（non－participant）观察。非参与观察是最简单的形式，研究人员将以“局外人”的视角观察现象，而不参与到活动或调查对象中，比如观察有多少人在某一时间使用某种体育设施就可以采用各种技术来进行，视频、照相或简单的观察和在相应的单子上记录数据即可。

另一种形式即参与观察，其中研究人员参与到所研究的现象中，比如研究人员调查顾客使用某体育设施所真切关心的问题，收集他们自己使用时的体验时，就会试图获得一个“局内人”的理解，这种情况下研究人员将在现场做笔记记录数据。从技术上说，这不是非介入性方法，因为对社会环境可能会产生影响，尽管其影响一般极小，并且研究人员不应以任何方式改变他人的行为。

何时适合采用观察法

非参与观察法适用于调查现象能够直接观察的情况下。因此，如果你有兴趣研究体育迷是否在其支持球队获胜后更乐于穿其队服，那么如 Cialdini 及其同事（1976）所说，观察法是一种适合的方法。但是如果你想查明为什么他们会更乐于穿这种的服装时，那么观察法就不合适了，因为这样无法收集数据回答这个问题。通常观察法更适于描述性研究，而不是解释性研究。采用观察法的另一个理由是其他方法都不合适。

一个典型的例子是调查儿童体育中的活动模式。几乎可以肯定，儿童自己无法准确描述他们如何进行体育运动，因此访谈或问卷是不可靠的。观察法能够使你更准确描述儿童的活动，尤其是作为非介入研究人员，你可能不会影响到他们的行为。在研究有争议的问题如体育暴力问题时，观察法也十分有用。有时调查对象不能准确说出他们自己的暴力或侵犯行为，或夸大陈述这种行为。非介入性观察法可使你评估参与者陈述内容的效度。它常常与其他方法结合使用，这种三角互证（参阅第七章）有助于增强你的研究效度。

观察法还可以以非三角互证方式与其他方法同时使用，如上面体育着装的例子，观察法能使你确定，人们确实在其支持球队获胜后更乐于穿他们的队服，另一种方法如深度访谈法则可以使你解释他们为什么这样做。因此这些方法可以互相补充。

个案研究

观察法的使用：确定青春期前儿童的身体活动水平

丰富的材料记载了身体活动对青少年的益处。英格兰体育（*Sport England*）促进活动增加的方法之一在学校中增加身体活动。幼儿的身体活动体验看起来很复杂。因此，*Waring* 及其同事（*2007*）想要查明这个年龄群体的活动水平时，访谈、问卷或焦点小组讨论都是不恰当的，因为这个年纪的儿童没有能力精确回忆出所需要的信息，而且儿童可能希望夸大报告自己的身体活动水平。然而，现象本身需要恰当的观察，并且由于身体活动通常发生在有限的空间（如学校体育馆或运动场），因此观察法非常有效。

尽管活动的某些方面无法直接观察出（如心率），但是身体活动的表面水平可以通过观察看出来。

研究涉及对 *374* 名儿童的直接观察，判断和记录每 *15* 秒钟的运动水平。为确保其信度，所有观察员都要接受细致的培训，以使他们对于剧烈活动和中等强度（*moderate*）活动的解释有效，以及观察员间的记录标准化。这种方法使研究人员发现儿童在学校期间参与的中等强度身体活动相对水平较低，且女孩少于男孩，表明学校并没有发挥出促进身体活动的潜在作用。

在你希望揭示群体行为的一些更细致特点，试图发现那些无法直接观察的含义时，参与观察更适用。研究人员通过体验对所进行的事物获取数据，而不是观察。

个案研究

参与观察法调查教师对学校体育的看法

Kim 和 *Taggart*（*2004*）探究了韩国城市小学教师对学校体育的看法，作者将研究环境描述为“班级的遗失”，这里教师给予学生充分的自由，很少或根本没有任何指导，很难使学生参与到身体活动中。其中一个研究人员曾在学校工作教体育课，这使得他们能够通过参与观察法收集数据，并且利用与教师们的密切关系从他们那儿获取信息。

如此提供的数据将胜于研究人员作为局外人所收集的。研究人员在帮助其他老师时建立信任，使得其体验可以与其他老师的体验进行三角互证，提高研究质量。

观察法的优势

参与与非参与观察都有许多优势使其适于一些特定情况下的数据收集，其优势列举如下：

- **直接**。在现象发生时即可对其记录，而不需要依赖于个人对特定事件的回忆。
- **自然**。发生于“自然背景下”。研究人员能够观察自然背景下的现象，而不是“人造”环境中的访谈或问卷。参与观察法使得研究人员观察和自己体验行为发生的背景环境。
- **真实**。辨认那些调查对象不清楚的行为。个人很可能无法意识到他们在特定情境的表现如何，或者会认为自己的表现是完全不同的。观察法将促使研究人员辨认出“真实的”行为。

■ **揭晓**。辨认那些调查对象不乐于透露出的行为。在研究潜在敏感的调查对象时可能会遇到这种情况，调查对象可能不希望在访谈问卷中归罪自己，不过可能会通过观察辨认这类行为。

观察法的劣势

尽管观察技术有其优势，但也存在一些劣势值得注意：

■ **误读现象**。观察法的一个缺点是研究人员可能误读他们的所看见的情景，尤其是他们对于研究的课题几乎没有任何经验时。通过观察法与其他方法结合，如访谈法，可以在某种程度上克服这一缺点，以确保对现象的正确理解。如 Gilhespy（2006）所说的，这并不仅是观察和记录，而我们的所见和所感明显地会受到我们价值观的影响，研究人员必须意识到这一点。

■ **数据记录困难**。在观察研究中，到底要观察什么、如何确保不错过重要数据等都是关键问题。利用技术如录像记录可能在某种程度上预防错过重要数据信息，但对于许多研究人员来说，利用技术也是不现实的。另外，许多研究人员记录同一现象时，观察者间的信度也是一个问题（参阅第六章），除非对他们进行适当的培训（参阅个案研究：对青春期前儿童身体活动水平的确定）。

■ **观察者对调查对象的影响**。研究人员可能在某种程度上会影响到调查对象的行为，最终可能导致整个研究无效。隐蔽观察中，调查对象意识不到他们处于被观察中。但随即会产生两个问题：首先是伦理问题，即在某一群体不知情的情况下研究这一群体，或其根本无法选择不能参与研究是否是合乎伦理的。其次，研究人员在调查对象意识不到的情况下如何记录数据。

观察研究的操作

在使用其他数据方法时，务必避免没有认真考虑清楚需要什么数据就贸然进入数据收集阶段。我们很容易观察体育现象并收集大量数据，但最后发现这些数据不足以满足研究目的。因此，你应认真计划和预试你的数据收集（尤其是观察一次性事件）。主要计划步骤如下。

1. **定义调查变量**。第一步是明确观察变量，比如你是否对某一特定行为感兴趣？确保自己清楚要记录的到底是什么。如果你观察对某一设施的使用，那么你可能对量化测量感兴趣，如使用者的数量、对男性和女性使用者的统计分析等；或者你对质性测量，如他们如何使用设施，行为模式等更感兴趣？你应参考研究目标思考这些问题，确定需要哪些信息达到这些目标，需要哪些数据提供这些信息，以及明确变量。

2. **确定样本**。理想的说，你的样本应进行系统的选择。在明确变量后，你需要确定从哪些个体或群体中收集数据。除了抽取特定个体、行为等，你还需选择观察样本的时间。有时你可以抽取整个时间为样本，如某一场体育比赛。或者你可以选择自己观察的时间。

3. **确定变量的记录方式**。你将使用视频录像设备还是用纸笔做笔记？你能制作一个只需现场填写的预定数据表格吗？或者速记所有数据？

4. **预试研究**。与问卷和访谈需要预试研究一样，你也应预试观察法，提前查明可能影响数据收集的潜在因素。

记录数据

假如你已明确调查变量，那么记录量化数据应相对直接。通常，记录信息需要使用一个简单的清单，如表 10 - 1 是从篮球技战术研究中截取的记录清单。

很难同时记录多于一个变量，所以你应避免记录大量变量，除非使用视频录像技术。如果你确实需要在没有技术支持的情况下记录多个数据，那么你应该在变量间转换，即某段时间记录某一个变量，然后另一段时间记录另一个变量等，或者使用多个观察人员。

表 10－1 使用观察清单记录数据

记录每个样本个体的每场比赛，在相关动作中打勾								
队员号码“x”								
急停投球	√	√	√					
急停传球	√	√	√	√	√			
直接投	√	√	√					
直接传	√	√	√	√				
漏球	√	√						

可直接在提前准备好的记录单上记录数据，或口述记录到录音设备中，后者的风险在于，许多体育环境中背景音使得记录无法听到。质性观察利用现场笔记记录数据，现场笔记是研究人员对观察事物的总结，遵循的格式没有那么结构化。现场笔记应具备：

- **描述性**。他们应该描述背景、参与者、相关动作行为以及研究相关的其他特征。
- **具体详细**。描述应尽可能的具体详细。不可能依靠回忆得出所有重要事件。
- **反映性**。现场笔记也应包括研究人员对情境的解释，以及后期可能有助于解释的其他信息。

个案研究

将观察法与其他方法同时使用

Dennis 和 *Carron*（*1999*）希望查明冰球比赛的定位是否会影响教练的某些决定，教练是否会要求球队前场阻截更积极果断（即更攻击的方式）还是被动（更防守型）。他们向国家冰球联盟（$n=23$）和安大略冰球联盟（$n=17$）的教练发放了问卷。问卷

数据表明，在主场或对手水平较低时更易采用积极果断的前场阻截。作者还指出，尽管如此，问卷数据中有时教练的回答可能不能反映真实的比赛打法。因此，*Dennis* 和 *Carron* 采用观察法收集数据，随机录像一些比赛样本，每场都录下其前场阻截风格，并由其他观察者分析一些随机抽样的比赛来保证其信度。通过这种观察法的使用可知，问卷所收集的数据是对球队前场阻截风格的准确测量，因此也就确证了问卷调查的结果。

观察研究中的错误

观察研究中常会出现一些错误。你应避免这些错误在你的研究中发生：

- 试图观察和记录过多的变量。
- 没有评估研究人员对调查对象的影响。
- 没有确定抽取时间或地点样本。
- 现场笔记不足，过多依靠回忆。

内容分析

内容分析指对传播（communication）内容的分析，它涉及到描述文本内容所使用的系统程序。其中文本可以是书面的、音频或视频的，如电视节目、报纸、体育自传或无线电广播。通常内容分析要求研究人员判定文本中特定词语或概念的存在、含义或关系。许多情况下，这种方法的优劣势类似于观察法，如误读文本含义。因此在采用文本分析法时应留意这些问题。

文本分析的步骤

1. 确定要使用的文本。对文本的选择主要取决于你的研究目标。

2. 明确要使用的数据集。如果选择报纸作为你的文本来源，那么使用何种报纸、哪些版次、使用多少报纸，等等。

3. 数据分类或编码。编码可以来自现有理论或自己确定，但要确保编码适于达到研究目标。（参阅 Jones 及其同事，个案研究部分，第 187 页）

4. 将相关的陈述、文章或其他数据单位置于恰当的编码中。

5. 分析结果数据。

Fishwick 和 Leach（1998）对英国广播公司对于 1995 年温布尔登网球公开赛的电视评论进行了内容分析。他们希望查明评论中是否存在性别偏见，比如男性网球运动员被认为更重要和更有影响，而女性运动员却次要的。

他们所采用的编码格见表 10－2。

作者还对评论进行质性分析，不仅调查评论所说内容（通过量化分析识别），还调查是如何评论的，试图识别评论的含义。通过结合质性和量化的内容分析，研究结果表明，男子网球被看得高于女子网球，女子比赛常与男子比赛相联系进行判断。研究还发现，整个比赛中，男运动员被直呼其名（而不是姓）的次数为 12 次，而女运动员则 589 次，反映了作者所说的“称呼的性别等级”，或通过使用不同名和姓建立的主导和附属关系。

表 10－2　内容分析的样本编码格范例

男/女	比赛	轮次
评论	男性评论员	女性评论员
·积极肯定		
体能/运动能力		
比赛		
其他		
·消极否定		
健康/热爱体育		

续表

男/女	比赛	轮次
比赛		
其他		
· 胜利		
· 失败		
· 直呼姓名		
· 情绪		
· 性格缺陷		
· 美丽时尚		
· 支持者		

个案研究

关于女子奥运会金牌获胜队的印刷媒体报道

Jones 及其同事（*1999*）通过内容分析美国获金牌女运动队的相关报纸文章，探索对女子运动员的描写如何反映更宽泛社会中对性别的态度。他们检验了三个假设。

1. 关于女性的文章很可能传达关于性别的信念。

2. 与女性项目或中立项目相比，那些关于女性参与到传统男性项目中的文章通常包括不相关的陈述、男性的偏见和与男性的对比。

3. 与男性项目或中立项目相比，对女子参与女性运动项目的描述通常包括女性偏见。

抽取七种报纸/杂志检验以上假设，步骤如下。

1. 查出关于女子金牌队伍获胜表现的文章。

▼

2. 查出和誊写每篇文章中成绩相关的陈述，以使文章出处和运动员姓名不被识别。

3. 按照以下标题编码数据：

■ 运动项目编码。所包含的运动项目被编码为：适于男性项目（篮球、曲棍球和足球），适于女性项目（体操）和中性项目（垒球）。

■ 任务相关。将段落编码为任务相关（描述的是获得金牌的表现）、体育相关（描述的是体育背景下的运动员，而不是获得金牌时的表现）或任务无关（与运动表现毫无关系）。

■ 性别描写。将段落编码为典型的女性特征（美丽、被动等），典型男性特征（体型发达、果断），或是女运动员与男运动员表现的对比。

Jones 及其同事（*1999*）发现，内容分析支持所有三条假设，确证了他们认为的社会对运动项目的性别适合性会反映在印刷媒体中。

除了发生频率，你在内容分析中还可以测量许多其他变量。你可能希望测量某特定概念的特征，如概念出现在何处？在文本中出现的较早还是较晚？此概念在文本中占用的篇幅？概念出现的语境？你所选择要测量的概念要有助于研究目标的达成。你可选择如下来源：

公共档案。这些通常来自当地或中央政府。尽管这些普查统计看起来是客观的数据来源，但你依然需要对这类资料进行评估。比如调查可能对社会中某一群体的记录较少。其他资料如《社会趋势》（Social Trends）或《统计年摘》（Annual Abstract of Statistics）也可能包括你需要的信息总结。

媒体。媒体是有用的数据来源，但你应注意以下问题：

■ 目标受众。你应评估报道是为谁写的，目标受众如何影响报道。

■ 准确性。通常很难检查报纸报道的准确性。使用某报纸时，在可行的情况下可以与另种报纸报道交互检验。

■ 曲解。新闻报道的路径复杂，在其过程中很可能会发生曲解。事件可能会由目击者曲解，或记者为了使故事有报道价值而曲解，或者编辑曲解等。这里交互检验也很重要。

博客。博客是个人或群体有规律更新的对自己相关事情的描述或评论，类似于网上日记。网站可能每天更新，或没那么频繁，可以提供视频的、音频的或书面数据。如果你选择分析博客，那么最好选择建立已久的，因为新博客不能保证其持续性。

广告。广告可以提供非常有用的数据，不仅在其用词方面，还在于其展示的图片。Lucas（2000）研究耐克出产的三个电视商业广告，展示耐克如何将自己刻画为积极影响女性参与体育的决定，同时引导她们参与特定类型的体育活动又限制了其体育参与。研究不仅利用了词语和图像，还将两者结合起来分析，使得作者总结出这类广告通过告诉女性“正确”运动的方式，贬低了运动女性的自信心。公司手册也能提供丰富的有价值数据。

私人文件/日记/信件。这些很难获取，并且在使用中要考虑伦理道德因素。现实中，只有在你清楚的获得同意后才可以开始研究，所以在刚开始研究项目时，不要预期能获取这类文件。日记在记录事发时或近似事发时间时记日记者的相关重要信息方面有更大的优势。

自传和传记。对许多著名运动员的生平描述都较易获得。自传（假如真的是本人自己写作的）可以提供其个人体育经历的深刻描述，以及对不同方面的理解。而传记可靠性就较弱，不过也会提供一些有用信息。就像分析媒体报道一样，你需要在听众问题、准确性和可能的曲解方面评估数据。

照片、电影和视频。不仅可以分析词语，图片也能提供丰富的描述性数据，其使用方式类似于非参与观察。在确定文件或档案研究之前，你还应注意一些问题，比如你需要获取官方文件许可，那么还需要考虑时间问题，获取政府文件使用许可需要好几个月，因此如果你的时间有限，你就应重新考虑你的方法。有的复印资料的使用也需要首先获得许可，查找文件也需要花费时间，常常需要花费相当长的时间查找和定位恰当的资料。许多情况下，你认为恰当的资料却与你的研究缺乏相关性，因此这样会使得研究相当耗时。我们并不是要阻碍你选择文件研究，但提前考虑其潜在弊端很重要。

内容分析中的错误

同样，你也需要留意内容分析中常见的错误。两个主要问题如下。

1. 没有收集具有代表性的文本样本。考虑清楚你的抽样方法，确保其符合你的研究目标。

2. 不考虑文本背景中数据的效度。没有严格评估报纸等数据效度之前，不要毫无置疑的使用这些数据。

本章小结

1. 非介入性方法中研究人员与调查对象或环境不产生互动。
2. 这类方法的优势在于其测量真实行为，而不是报告行为，并且操作更简单。
3. 由于缺乏互动而因此使得研究人员很难清晰解释调查现象。
4. 非介入调查的两种主要形式是观察法和内容分析法。
5. 观察法可用于在自然环境下从调查对象中收集质性和量化数据。
6. 内容分析法可用于从文本，如报纸、电视、照片等中收集数据。

活 动

观察法

确定一个适于观察法数据的研究问题，进行简单的观察研究，并特别注意以下问题：

1. 抽样。最佳地点是哪里？观察谁或什么？

2. 数据收集或分析。如何记录你的数据？你将如何分析你所收集的数据？（操作前可阅读第十二章和第十三章）

3. 还可以使用其他哪些方法强化研究的信效度？

内容分析法

选择一个当今的体育问题，选择两个对比报纸进行内容分析，确定其对事件报道的差异。你应格外注意如何操作化你的变量，如你要测量和识别文本中的什么？这与你整体研究目标有何关系？

关于你的研究项目

如果你的研究采用非介入性研究方法，那么考虑以下要点：

- 如果你选用本章中的一种方法，那么你能证明为什么你选择的方法最适合你的研究项目？
- 考虑信效度问题。你如何确保观察或内容分析研究可靠有效？对信效度的影响因素是什么？

延伸阅读

Kellehear，A（1993）The Unobtrusive Research，St Leonards，NSW：Allen and Unwin.

第十一章　数据收集（四）：体育中的民族志研究

本章主要内容：

- 解释体育研究中民族志方法的含义。
- 描述民族志方法的特征。
- 描述进行体育相关民族志研究的步骤。
- 讨论撰写民族志研究项目的相关问题。

引　言

> 我曾经听到一位著名人类学家说过的一个重要观点，此后，我便经常引用至今。他说："社会研究中只有两种基本方法，一种是'提问题'（*asking questions*），另一种是'置身其中'（*hanging out*）。"（*Dingwall 1997*，第 *52–53* 页）

体育研究不断成熟的一个结果是使用越来越多不同的方法和方法论，这通常是对历史上实证主义方法占主导地位的回应。其中一种方法论方法越来越流行，即体育民族志。如 Atkinson 与 Hammersley（1994）和 Silk（2005）所说，定义术语"民族志"是一项艰难的任务，不同类型的民族志和不同作者各有不同的定义。不过本章将探讨宽泛的民族志方法。

通常，民族志的特点在于对特定群体、次文化以及个人与其社会环境不可分割关系的关注。它们涉及到使用多种数据收集方法，如观察法、参与观察法和对关键知情人的深入访谈等，收集和使用极其“丰富”的数据和深入的信息，不仅关注于说的什么和观察到什么，还关注听到些什么，闻到、触摸到或品尝到什么；参阅例子（Spark 2009）。Atkinson 和 Hammersley（1994，第 1 页）认为：

> 首先，我们将这一术语看作某种或某组方法。其最主要的特征形式是民族志学者在相当一段时间公开或秘密地参与到人们的日常生活之中，观察发生什么、倾听说什么以及询问问题，事实上就是，收集任何可获取的数据逐步弄清楚研究所关注的问题。

因此，民族志就是在相当长一段时间收集数据来调查一个群体。Holt 和 Sparkes（2001）从略微不同的角度来定义，他们认为民族志的定义特点是其目的。这个目的就是研究一群人和他们的文化，通过审视群体人们的行为而不是从研究人员视角，获得对群体的理解。为此，研究人员应扮演着“局内人”的角色，在群体中花费相当长一段时间，并在此过程中收集数据。

个案研究

对拳击次文化的民族志调查

研究人员采用民族志方法的目的即融入到群体之中。如 *Sugden*（*1996*，第 *201* 页）所说：

只有通过完全的融入，他才能充分了解支配所调查群体中支配人们互动的正式与非正式规则，如此才能揭开它最深处的秘密。

Sugden（*1996*）自己对各种拳击次文化的研究要求他成为次文化的一部分，这样才能揭开那些原本对研究人员处于隐藏状态的价值、规范和行为：

▼

好的社会学的精华在于厘清神秘事物的意义。这里是一个深藏于次文化信封中的社会世界，我对此几乎一无所知，也没有任何关于这方面的书面资料。(第 *2* ~ *3* 页)

为了“厘清神秘事物的意义”，*Sugden* 开始在一段时间融入群体之中：

在接下来的两年里，我过着双重存在的生活：作为 *John Sugden*，一个普通的大学研究生，在大学校园里过着半乡村的田园生活；作为“*John* 博士”在哈特福德（美国康涅狄格州首府）贫民区和地下活动室当一个特殊的英国民族志学者，同时在拳击俱乐部打零工（第 *3* 页）。

尽管不是成为拳击手来完全融入，但通过作为观察者成为次文化的一部分，*Sudgen* 可以揭露许多本隐藏在群体之中的价值。在哈瓦纳（古巴首都）的一次比赛中，他提到：

尽管充满许多风险，并且打斗十分激烈，但年轻的拳击手都表现出难以置信的自律和情绪自控。即使在最激烈的对决中，也几乎看不出任何愤怒的征兆。比赛后，两位拳击手互相拥抱，感谢裁判员和对方观众，随后跳出比赛场地，没有再费周折。（第 *162* 页）

非民族志研究人员可能对此景象很难理解，但通过融入这一群体，*Sugden* 解释道：

Ajo（他们的教练）告诉我，尽管胜负是有意义的，但是在这一水平层次他更关注技术和性格的结合，他认为如果拳击手在职业生涯的早期能建立两者的平衡，那么后来自然会带来成功（第 *162* 页）。

因此，通过在群体中持续融入一段时间，以及在融入以外还采用多种不同的数据收集方法，*Sugden* 可以描述，更重要的是利用非民族志学者无法获取的数据，来解释特定拳击次文化成员的行为。

民族志的特点

通常，民族志有一些共同特征：

- 它们调查人类行为，以及这类行为与调查群体的价值和态度如何相关。这些“文化模式”（cultural pattern）可用于解释群体成员的行为。
- 民族志学者在研究群体自己的土壤上对其进行研究，观察自然背景下其自然行为。
- 民族志学者常用一系列方法收集数据，这些方法具有灵活性，从当时可获取的或恰当的一切来源中收集数据。
- 通常，民族志学者更感兴趣于从整体视角审视，以及相互依存的复杂网络，而不是个人的方方面面和一些孤立的领域。因此，正常平凡的行为要比超凡的、出乎意料的行为更重要。
- 民族志关注主位的（emic）视角，即被研究者的视角，而不是客位的（etic）或研究人员的视角。
- 为了理解文化内的复杂关系，相当长的时间内融入其中是有必要的。我们需要时间获取进入途径、与被研究者建立信任，并逐步理解群体内所发生的事情。

个案研究

对大学足球队的民族志研究

Holt 和 *Sparkes*（*2001*）对影响大学足球队凝聚力的因素感兴趣。凝聚力是群体成员保持对群体、群体目的和目标（如对训练的坚持）趋于忠诚所反映出的过程。

由于此处研究人员对研究群体的复杂方面或文化行为感兴趣，所以民族志法相当适合。研究中的主要民族志要点如下：

▼

■ **研究目标。**民族志不仅是对一个群体的研究，它们确实需要一个整体研究目标。此处，*Holt* 和 *Sparkes* 的目标是查找对球队凝聚力的影响因素。

■ **进入现场。**其中一位研究者可以利用其作为踢足球的研究生这一个人特点进入群体。一段时间后，将研究目标告知群体，他们同意参加。通过花费时间融入其中可以建立与群体的融洽关系和互相信任，最终获取质量更高、更“丰富”的数据。

■ **多种角色。**研究人员可以承担不同的角色，如运动员或教练，以使进入不同的背景中（训练时间、社会场合等）。

■ **多种方法收集数据。**在持续时间内，使用多种方法，包括观察法/参与观察法、访谈法和文件来源的检查。

通过民族志法，*Holt* 和 *Sparkes* 得出凝聚力是一个动态过程，随着赛季的进展而变化。而相对“静止的”方法，如问卷法就可能不会得出这样的结果。民族志方法还使得研究人员发现球队中交流作为影响凝聚力的因素的重要性。因此，民族志方法为球队凝聚力方面的文献做出了重要贡献。

体育民族志研究的操作

体育相关的民族志是一种非常灵活的方法论，因为所要收集的数据常常是非结构的、无计划的，甚至是出乎意料的！因此，不同于实验研究，民族志方法很难提供一个精确的框架来遵循。以下是进行民族志体育研究的一个一般步骤。

1. 识别问题

通常，研究人员在没有一些关于研究问题的想法之前不会进入现场。尽管这类研究类型的特征之一是其归纳性，即产生理论或建立在数据之上（参阅第二章），但要具备研究的整体目标，这样研究人员才知道在现场观察什么。然而，研究人员不应该在收集数据之前将理论框架强加给研究。如 Holt 和 Sparkes（2001，第 242 页）所说：

民族志的一个重要要求是研究人员暂时不要理会大量常识和理论知识，以使对背景和背景中人们的错误认识降至最小化……对于越熟悉的研究背景，越难以暂时搁浅那些来自社会科学或日常生活认识中的先入之见，一个原因在于这太明显了……因此，当民族志局内人面临使陌生事物看起来熟悉的问题时，还面临着使熟悉的事物看起来陌生以保持分析距离。

这不意味着研究人员在没有想清楚研究问题时不能进入现场，在所研究社会世界呆着的最初那段时间中也可能产生研究问题，不过这可能需要花费一些时间。

2. 确定民族志方法

下一步即确定民族志方法是否确实是合适的设计。如果对群体或次文化的深入了解是你的目标，那么民族志法是合适的。如果你需要更描述性的数据，或希望利用统计技术评估大规模的总体，那么其他方法会更合适。

3. 考虑你的个人特征

你的个人特征是一个重要考虑因素。你的年龄、性别，甚至是体育经历和体育能力对你的民族志选择都有潜在的影响。再次阅读本章 Holt 和 Sparkes（2001）的个案研究。如果其中一个研究人员自己不是足球运动员，那么民族志研究还能进行吗？女性研究人员可以进行民族志研究，并收集到相同的数据吗？事实上，在以上两种情况下很难进行这样的研究。你或许希望由你的个人特征决定你对样本的选择。比如 Holt 和 Sparkes 的研究，你已经是足球队或其他群体的成员，那么考虑利用这次机会对你所在群体进行民族志研究。并不一定必须由研究问题决定样本，有时，样本也可以决定对研究问题的选择！

4. 选择背景

如第三步所说，尽管通常是在确定研究问题之后选择背景，但也可以首先选择背景，因为研究人员对此背景熟悉或可进入。重要的问题在于所选的背景和研究问题相一致。一些背景，如体育组织可能有清晰的界定界限，而在其他背景如体育社区进行民族志研究，其界定界限就没那么清晰。研究人员在体育组织中进行民族志研究，识别地理位置和调查群体成员等背景方面较容易。其他情况下就可能会出现问题，所以你需要考虑民族志的界限不能太宽泛或难以处理。

5. 考虑时间框架

民族志的背景之一是研究人员需要花费相当长一段时间融入在背景中。通常时间和资源都是有限的，所以研究人员需要限制研究的花费时间，依据研究目标评估时间框架，你是否有足够的时间收集达到你研究目标所需的数据？

6. 获取背景的进入途径

获取所研究群体的进入途径是民族志中的一个关键步骤。进入的方法对于接下来收集数据的信效度都有影响，因此需要谨慎。Giulianotti（1995，参阅本章稍后的个案研究对体育迷的民族志研究）使用的一个方法是寻找群体成员信任的“守门人”（gatekeeper），而守门人可以随后将你介绍给其他成员。其他方法可能更偶然，比如 Gallmeier（1988）可以利用其父亲作为当地报社的体育编辑职位和当地球队所属人的伙伴身份获得接近职业冰球队员的途径，否则是很难接近这些人的。你需要考虑如何进入研究环境以及进入后对成员呈现的信息。如 Grills（1998）所说，你接近关键知情人的途径和数据将强烈影响群体中成员如何解读你作为研究人员的动机和兴趣。进入背景是民族志中关键的一步，你应该充分考虑这一问题。最后，并没有什么可推荐的“最好的实践”，而是要结合考虑你自己的情况和群体特征的相关变量。

7. 考虑样本

这里所说的抽样与以前提到过的抽样稍有不同。一个群体可能有许多成员、许多行为、价值观和器物等。

研究人员一般无法记录下所有潜在的数据，尤其是在时间框架有限的情况下，因此需要对测量什么做出选择。关于应从哪些人中收集数据，Hammersley 和 Atkinson（1995）分为两类，第一类是你在最初实地调查中识别出得合适知情人，第二类是自愿参加或群体中其他自愿参加的成员。作为民族志学者，你的角色之一是评估最恰当的样本。不同于问卷法和深度访谈法，在确定从哪些人收集数据的同时，还需要确定从什么事物中收集数据。你应观察的事物类型是多样的，取决于你的研究目标，不过一般可以包括：

- 背景的历史和环境。哪些背景信息对于解释你所收集的数据有用？群体的历史是什么？是否存在一些特殊特点影响你的观察？其他地方是否存在类似的群体？
- 物质环境。你应注意其地点和形态。你还应注意其他物质因素，如气味、声音等。你应尽量收集更多的数据，使民族志读者感知背景的真实情况。
- 背景中的器物。民族志中器物如图片、海报和装饰等都可以提供有用的数据。它们在什么位置？目的是什么？询问这些问题对于民族志学者极其有用。
- 背景中的人。描述那里有多少人？他们是什么样子？他们的特点是什么？
- 人际关系。人们如何交流？支配他们行为的规范和价值是什么？他们的行为是否遵循什么模式或规则？他们的行为方式为何如此？
- 倾听人们所说内容的同时，访谈、观察他们做些什么以及如何做。

8. 学习入乡随俗

这指研究人员可以与群体融洽，不会引起群体中他人的怀疑、注目或敌对。

如 Gallmeier（1988）所说，对此没有清晰的准则，但对建立与调查对象的信任和融洽关系是“绝对的需要”（第 220 页）。这将加强数据的数量和效度。若没有这种信任和融洽关系，你将发现收集有用的数据确实是一项艰难的任务。

9. 收集数据

许多方法都常被用于收集数据，其中观察法和参与观察法，以及关键受访者访谈法的使用尤其广泛。尽管在参与者的同意下，你可能希望使用录音带、相机或录像来进行记录，但一般情况下，数据都是以现场笔记的形式记录的。如果你依靠录音设备，那么同样做书写笔记可以预防可能出现的技术问题。现场笔记要尽可能详细（最好在现场做笔记，除非环境不允许）。起初不要将自己限制在自己要收集的数据，通常需要收集尽可能多的数据。而在数据分析过程中，你可以对记录更有选择性。

10. 分析数据

尽管将此步骤放置最后，但现实中，数据分析是一种连续的过程，发生在民族志之中，而不是最后。解释来自数据，随后可以收集更多数据支持或驳倒解释。因此，解释可以不断发展、检验和调整。

个案研究

民族志研究中的问题：体育迷的民族志

Giulianotti（*1995*）对苏格兰两组竞争球队的足球流氓进行参与观察。你面对的问题如下：

■ 获取进入管道。由于他们对“无同情心的报告”（*unsympathetic reporting*）十分谨慎，即研究人员可能会指责他们，所以很难获取进入这类群体的管道。*Giuliaotti* 通过提供有限的对手群体信息这一“研究交易”（*research bargain*）与其建立信任，而获

▼

得了进入管道。通过“雪球”技术获得进一步的进入，即一个个体介绍另一个人进入，以此类推。这种方法很有效，因为研究人员由群体中现有成员介绍进来，可以增强信任。

■ 执行研究中的风险。*Giulianotti* 最初遇到一些敌意。不过雪球法是降低风险的工具，而研究人员通过其他途径进入可能面临的风险更大。*Giulianotti* 还注意到研究人员需要区别威胁和玩笑。

■ 数据的效度。*Giulianotti* 的研究提出了许多效度方面的问题。如他所说，每个群体都热衷于将自己刻画为苏格兰“最难对付的”球迷，因此这就使其有动机过度或错误的对研究人员叙述自己的活动。

民族志方法

传统上，尽管有许多与民族志相关的方法，但不能简单的说应该使用哪种方法。对方法的选择应考虑是否能为调查问题提供可靠有效的数据。民族志研究中常用以下方法：

■ **观察法**。简单的观察群体可以提供丰富的数据，尤其是观察自然环境下群体的不同成员。在民族志研究早期阶段，这常是适合的方法。

在观察的同时，思考你所听到的、觉察的等，这些数据也可能极其有用。

■ **参与观察**。在大多数情况下，参与观察是民族志研究试图获取对观察群体行为的移情理解的必须元素。

■ **结构和非结构式访谈**。两种形式都应考虑，结构式访谈有利于你收集预定好的数据，但你不应限制自己，而应通过非结构式访谈从知情人中获取新的重要数据。

■ **生平历史**。从本质来讲，这是知情人向民族志学者讲述自己的经历，以形成详细的群体文化图景。生平历史是理解群体和群体中改变的卓越方法，不过，你应避免忘记、回忆偏误、夸大等的可能。

- **非介入性方法**。我们在第十章已经探索了非介入性方法的使用，这种方法作为民族志方法的一部分有助于加强对群体或文化的理解，如对群体成员产出的文件或文本进行内容分析。

关于如何收集数据，你应灵活准备好随时收集。Sands（2002）提出，作为民族志学者，他是如何在比赛刚结束就采访短跑运动员的。Sands 回忆到："在短短的五分钟，他所讲的要比两个小时的访谈更发自内心，更言简意赅"（第67 页）。对 Sands 的引用句表明，民族志学者必须时刻准备灵活面对，抓住遇到的机遇。在现场时随时带着笔记本，利用无法预料的数据收集机会。

关键术语

反身性（reflexivity）

如 *Brackenridge*（*1999*，第 *399* 页）所说，"反身性成为越来越重要的研究技能"。简单定义，反身性即研究人员和他们的特征、背景、价值态度等对调查对象产生效果的过程。

如 *brackenridge* 所说，对研究人员姿态以及研究人员和参与者权力关系的评估，对于评价研究结果的"真相"十分重要。

体育民族志的方法论和伦理问题

体育民族志学者可能会面临许多方法论和伦理问题。Palmer（2000）在研究环法自行车赛协会（La Société du Tour de France）时面临的问题是一个常见的民族志问题。问题在于只有被认可的记者才有机会进入，而研究人员不行。Palmer 利用其与澳大利亚电视网的关系拿到了记者证，于是这种欺骗手段获取进入引起了重要的伦理问题。如她所说，"研究人员需要使用一切可获取的资源用于工作"（第 371 页），并在方法合理的基础上获得解释，否则即“无异于欺骗”。通过冒充记者，她进入情境并能看到协会的影响。但遗憾的是，她无法使用民族志的许多方法，如观察法或详细访谈，因为这么做与她记者的身份不一致。这是说明民族志不一定能使用所有民族志方法的很好实例，研究人员需要估量所参与的事件，确定如何能够获取最优数据。此例中，作者还基于数据的效度进行了证实。

经验民族志

在体育研究中出现的一个相对较新的术语是“经验民族志”（experiential ethnography）。Sands（2002）将这种方法看做是研究人员成为研究中的完全参与者。为此，研究人员需要历经如下步骤：

熟悉群体（预期社会化）；成为成员（招募）；熟悉群体规范、价值和行为（社会化）；最终被接受为群体的一员。每一步骤本身都能获得对群体的理解。经验民族志使研究人员收集到处于隐藏状态或无法获取的数据，如Sands（2002，第131页）所说：

在我对短跑运动员和足球运动员的研究中，我通过参与获得一些非实验民族志学者观察界限之外的感受和体验。事实上，我的身体对表现和比赛的体验不仅使我通过认知评价产生痛苦、快乐、兴奋和狂野激动的情绪，而且使我与队友和其他队员的文化体验更紧密。

因此，实验民族志在揭露体育体验时有其优势。不过，在使用这种方法论时，也需要注意评估其劣势。在你撰写中，很容易写出没有理论或解释框架而直接置放你的经历的自传式文。其次为“走向本土”（going native）的危险，接受群体的信念和价值观也可能是个问题。如Giulianotti（1995）认为他所调查的每个足球流氓群体热衷于呈现出为苏格兰足球队中“最难对付的”。在Giulianotti不大可能发生的本土化事件中，他所研究出的价值观可能会由于他的主观性而被质疑，因为他可能会选择证据显示“他的团体”比其他队更难对付。或许研究人员在评估他作为参与者和研究人员的角色冲突中保持“客观的主观”是这种方法的关键。

自传式民族志

与经验民族志有关的是自传式民族志。自传式民族志关注研究人员在特定文化背景担当活跃的参与者的经历。从本质来讲，它的数据是研究人员的个人经历，

用于描述、理解和解释所探索的文化背景。这要求研究人员与所研究背景相“连接”（connect），利用这种连接为读者呈现一个描述，使得读者通过产生一种与研究人员一起“身在其中”（being there）之感，获取对研究人员经历的移情来理解事物。这是一个艰难的任务，如 Edwards 和 Skinner（2009，第 190 页）所说：

研究人员应该擅长识别恰当的细节，擅长反省，擅长进行描述性的、引人入胜的写作，并且在面对与自己相关的事物时不屈媚迎合。

Anderson（2006）确定了自传式民族志的五个特点。

1. 研究人员是所调查社会世界的“完全成员”，或者是因为正好有机会每天接触而对群体有固有认识，或者是偶然机会而进入群体，或者是既想方式，即在形成研究兴趣后，为了收集数据而加入群体。

2. 分析反身性，或研究人员在研究环境中定位自己、定位他们的影响以及随后对分析的影响。

3. 在研究报告中，研究人员应是可见和活跃的一部分，而不应隐藏在分析之外。

4. 尽管自己是数据的原始来源，在群体中与他人对话也对发展知识很重要。

5. 要求“分析进程”，即研究不应简单报告经验，还要努力在参考、调整和发展理论中进行分析。

撰写自传式民族志不同于其他形式的学术写作，其具备很强的自传元素。因此，自传式民族志要求研究人员把自己呈现给观众，所以如果考虑使用这种方法，你需要适应这些特点。

个案研究

自传式民族志：厌食症、过度锻炼和精神病患者的经历

Brendan Stone（*2009*）写了一篇坦率诚实的论文，展现了他青少年时期患厌食症、过度锻炼和患精神病的经历。他的自传式民族志包括他“现在的自己”与“过去的自己”的交流，现在的自己的角色是回忆、描述和解释，而过去的自己是研究对象，并且事实上是过去的自己造就了现在的自己。这一在任何时候都难以研究的主题证明了 *Stone* 的民族志方法的价值，“要知道经历精神创伤和神经错乱就是到了一个理性和叙述无法完全描述的领域。我思索良久，常规统治的传统学术论文可能已经将那些知道这一奇特王国的混乱真理排除在外了”（第 *68* 页）。

现在的自我对历史自我的解释使得 *stone* 对自己的过去有从前没有意识到的深刻的发现，并将自己的厌食症、过度锻炼与精神受创的压抑回忆相联系，文中对这些都进行了描述。

撰写民族志

在实地调查中，你可能收集到大量书面笔记、录音访谈、照片、视频、文件分析等形式的数据。现在你需要从民族志方法论转至民族志写作。产生有价值报告的过程常受时间和字数的限制，起初这是极其令人畏缩的任务。但遗憾的是，并不存在固定的程序可以确保成功。

撰写报告的第一步是搞清楚数据的意思，为此最好的方式是通过编码这个过程。你应阅读第十三章讲解的质性数据意义的相关问题。

通过进行系统的编码分析过程，你很快可以开始搞明白一些数据（理想状态下，你应在实地调查时即开始）。通过系统编码，你可以很快使原本令人怯步的任务看来没那么困难了。

尽管并没有一个正确的方法来呈现民族志报告的研究结果，作为一个

基本准则，你的写作应包括如下。

1. 陈述和证明研究问题。
2. 文献回顾，并用于调整研究问题和研究设计。
3. 详细评述研究设计，包括详细描述背景。
4. 数据呈现。
5. 研究结果的解释。

Gall 及其同事（1996，第 607 页）的几句话应该可以指导你的写作："如果民族志做的很好，最终报告的读者在没有直接体验的情况下也应可以理解文化。"

民族志和学生研究

尽管本科生学位论文很难有时间和资源做出"经典的"民族志研究，但不要立即排除使用这种方法的可能性。即使在相对有限的研究中，民族志研究也会成果丰富。所以，尽管，学生研究人员与"真正的"民族志学者有些程度上的差异，但也完全有可能融入到群体中，利用不同的方法收集数据形成对研究群体的理解，尤其是他们已经与群体有联系时，如对他们效力的球队进行民族志研究。在这类研究中，你可能会收集到极其丰富和提供大量信息的数据。如往常一样，考虑自己需要什么信息，然后确定能获取数据提供这些信息的最佳方法。

本章小结

1. 民族志是对群体的研究，研究人员在持续一段时间内"沉浸"于群体的自然环境中。

2. 通常数据收集是灵活多样的，一般会采用多种方法在任何合适的时间进行。

3. 研究人员需要考虑进入群体、在群体中他们的特定角色等问题，因为这些问题对研究效度存在影响。

4. 有时民族志是合适的研究方法，但在时间资源有限时需要认真考虑其适用性，如学生研究项目。

活 动

在 Sportdiscus 中查找体育相关的民族志研究，批判性地评价民族志研究，试图说明为什么选择这种方法，这种方法是如何使研究人员获得对群体的理解的。试图回答以下问题。

1. 如果使用一种不同的方法论，是否能得出相同的理解？
2. 选择的背景是什么？如何和为什么要选择？
3. 研究人员是如何进入背景的？
4. 收集数据使用了什么方法？
5. 研究的主要结论是什么？

关于你的研究项目

如果你进行的是民族志研究，那么考虑以下问题：

- 你能证明使用民族志方法的理由吗？民族志方法在哪些地方胜于其他研究设计？
- 如何证明你对背景的选择？你能用学术语言对其证明吗？
- 你的个人特点如何影响数据收集过程的？在进行研究中如何将其考虑在内？

延伸阅读

Brewer, J. (2006) Ethnography, Buckingham: Open University Press.

Brownell, S. (2006) 'Sport Ethnography: A Personal Account' in Hobbs,

D. and Wright, R. (eds) The Sage Handbook of Field Research, London: Sage, pp. 243 – 54.

Sands, R. (2002) Sport Ethnography, Champaign, IL: Human Kinetics.

Silk, M. (2005) 'Sporting Ethnography: Philosophy, Methodology and Reflection', in Andrews, D., Mason, D. and Silk, M (eds) Qualitative Methods in Sports Studies, Oxford: Berg, pp. 65 – 103.

Sparkes, A. (2002) Telling Tales in Sport and Physical Activity, Champaign, IL: Human Kinetics.

如果你进行民族志研究，你有必要查找和阅读尽可能多的民族志研究，即使那些研究与你的研究主题并不直接相关。

第十二章　数据分析（一）：量化数据分析

本章主要内容：

- 介绍如何准备量化数据分析。
- 介绍 SPSS for Windows 数据分析软件包，并了解其操作功能。
- 介绍用于分析数据的各种统计检验方法。

引　言

数据本身不会回答你的研究问题。数据需要人来解释，而且为了方便解释，数据需先经过整理和分析，这样数据才能有效地用于回答你研究的问题，这也是量化数据分析的流程，而这通常也是你惊慌失措的开始，尤其是对于不擅长统计技巧的研究者而言。从阅读相关文献开始，你或许已经遇到多元回归分析、重复测量方差分析、因素分析等统计词条，要理解都有困难，更别说要诠释了。统计领域既宽广又复杂，因此一本这类的书只能给你一个概览。如果你的研究牵涉到非常细节的统计流程，我们强烈建议你在众多统计教科书中至少选择一本来读，如 Field（2009）撰写的“SPSS 统计学探究”（Discovering Statistics Using SPSS）或 Vincent（1995）所撰写的“体育统计学”（Statistical in Kinesiology）。

统计分析大致可分为两种类型：描述性统计与推论性统计。描述性统计通常用来整理你的数据，如计算体育参与次数或计算特定球队的场均得分；推论性统计则可以推论两个或多个变量间关系或存在的差异，如在某一运动中，计算运动经验和运动能力这两个研究变量之间的相关程度，或性别差异导致的运动项目偏好不同，从对样本的调查中得出对总体的结论。当运用统计时，你应自问以下问题：

- 为了回答我的研究问题，我必须从数据中发现什么？
- 哪一种统计检验可以提供给我所需的信息？
- 这种统计检验的结果代表什么意义？

这一阶段要注意如下要点，首先，统计本身并没有什么含义。因此，简单的报告统计检验结果只是第一步，更重要的是该如何诠释统计的结果，以及如何将统计结果诠释与你的研究目的联系起来。其次，统计只能诠释你所收集的数据，如果数据本身缺乏信效度或相关性，那么别指望统计检验能够拯救数据问题。

量化分析的电脑软件应用

有多种电脑分析软件协助你分析量化数据，其中最广为使用的统计套装软件为 SPSS for Windows，它是一套值得你花功夫去了解并学习操作的有用程序。此程序的基础较易掌握，如果你之前学过其他 Windows 软件的话，SPSS 中的很多功能你一看就知道如何操作。SPSS for Windows 可用以处理大量数据集，不但有多种统计检验方法可供应用，还能制作专业图表。SPSS 还是全球通用的标准套装软件，因此也是你应该掌握的一项宝贵技能。其他可供考虑的选择还包括了 Minitab 统计软件包或 Microsoft Excel 之类的电子数据表。要记得，对软件包的选择并不代表会产生更好的统计结果（不论是 SPSS for Windows、Minitab 软件包、Excel 甚或手算，计算出来的结果应该是一样的）。

而对你的研究项目的评估计算也不会根据你使用何种软件来分析数据，而重在你对统计结果的诠释。在本章中，我们将假定你用的是 SPSS for Windows 来分析数据，因此紧接着我们将提供使用此软件进行各种检验的方法。以下所提的基本统计原则，也适用于不同的数据处理方式。

数据准备

分析数据第一步即，先行整理要输入SPSS（或其他适合的软件包）的数据。在开始分析前，需要执行下列四个步骤。

1. 数据编码

编码指的是将问题的回答选项予以分类，每种分类都赋予一数值，以便进行后续统计分析。编码可以是相当容易的，举例来说，“你几岁”这种询问年龄的问题的答项本身就是数值形式（故而提供了等比变量（ratio variable），请参阅第六章关于不同数据种类的提示）。非数值的回答应予以数值化，例如：关于询问性别的问题，其勾选的答案为“男性”可编码为1，“女性”则编码为2。开放性问题就有些疑问了，这时，研究者应将回答先行分组归类，例如：对于“你最喜欢哪种运动?”这个问题的回答可能如下：

- 网球。
- 曲棍球。
- 足球。
- 篮球。
- 英式足球。

每组答案都可赋予一个数值：网球编为1、曲棍球编为2等等。而足球与英式足球这两个答案概念一样，所以应编作同一组使用同一数值。于是每种答复皆可转换为数值。然而，有时在决定到底要不要把不同的回答编在同一组或分开处理时会遇到困难。解决方式应为再度审视你的研究问题，看看两个不同的回答在概念上是否类似。如果有怀疑时，应分开编码，毕竟之后还可将两者合并作同一组，这远比将已并为同一组的两者再拆为两组要容易得多。

相对于这类开放型问题，我们先前曾讨论过的其他问题种类在答复的数值化上会是较单纯直接的。若你使用量表，每个答复皆对应一个数值，如以下问题：

	从未	很少	偶尔	经常	总是
我对于自己是个运动员的身份持正面态度					

每项答复皆能对应到按逻辑顺序编排的数值。于是勾选“从未”的答项编作1，“很少”为2，“偶尔”为3，以此类推，因此上面的举例该将其回应的答案编为4。有时候问题的设计有可能为“反向题”，即用反语词来问，以上面的问题为例，可重新设计为：我对于自己是个运动员的身份抱持负面的态度。给分方式也要逆反，这么一来“从未”要给5分，“很少”给4分，以此类推。你也需要将量表中所有问题项所得分数加总，包括所选选项的分数。

2. 数据输入

第一步所得的数值需输入到你所选择的软件内，依据所使用的软件，你可能得事先设定输入页。稍后会在本章介绍如何进行SPSS for Windows的数据输入。

3. 数据检查

一旦数据输入完成，为求精确仔细检查一遍。输入时的错误在所难免，例如本来要输入的是“1”，但很可能重复敲击键盘，输入了“11”。数据集应尽可能事先检查，才能最小化这种错误所造成的后果；对于数据分析后，产生任何不同寻常或意料之外的结果（像是在询问性别问题时出现三组不同答复）也应该再仔细检查，以避免数据输入时的错误。

4. 缺失值处理

一般做法是将未作答的问题在数据集中赋予数值（如99或999），以区别真正的缺失值和数据输入时不慎跳过的题目。在使用SPSS for Windows

时，亦可将缺失值设定为特定数值，如此才不致影响分析结果。

SPSS for Windows 操作

针对你的量化数据分析，我们推荐 SPSS for Windows 软件，接下来将就其基本操作方法进行简单介绍。这一软件便于操作，你一旦了解其基本功能，就能着手进行实际需要的统计检验。同时它也能制作出高品质的图表，以供录入 Word 文档。建议你可多利用 SPSS for Windows 所提供的辅导简介功能，相信对你将极有帮助。另一个学习 SPSS 的好方法是练习使用你自己编造的或 SPSS 教科书中的假设数据集。你也可参考 Ntoumanis（2001）撰写的关于 SPSS for Windows 操作概述的书。

使用 SPSS 分析数据需 4 个基本步骤。

1. 将你准备好的数据输入数据编辑器。
2. 从菜单上选取合适的检验、图表等。
3. 选择分析变量。
4. 诠释输出文件（output file）的结果。

开启程序时，会有窗口跳出问题，问你要开启既有文档还是要打开新文档。第一次你应建立新文档，并就你的研究内容来命名（例如设“体育参与研究”为文件名，而不是“数据”为文件名）。之后，你会看到电子数据表的页面，此即数据视图，也是输入数据的地方，可以说是显示全部调查对象答复的网格。页面上方（内有字母 VAR）的每个灰色格分别代表着不同的变量，而左手边自上而下、由 1 开始编数的格子则代表每位调查对象。因此，在此页面你可以涵盖每位调查对象对于每个问题的各种回答。

为帮助你追踪变量，不管是在输入数据还是之后的分析，SPSS 也能让你对每个变量提供更详细的资料。若你往该页下方浏览，会看到你正在数据视图窗口，此时点击临近的变量视图切换至一个不同的页面。在此页面上，每一列代表不同的变量，而上方的灰格子则代表变量的某些特点，最重要的特点如下所列：

- **命名**。为变量命名时，应尽可能采用简单而有意义的名称，如“年龄”“分数”“重量”等名称，避免使用“问题1”“变量2”等命名方式。
- **变量种类**。可以让你表明你的数据是否为数值、日期、货币等种类。
- **标记**。这可以使你为数据标记更多细节，例如你的变量若为“所得分数”，便可附上“调查对象投篮表现分数”的标记以兹说明。此标记将会附在输出结果中，包括图、表等，要注意确保所有词语拼写正确。
- **数值**。你可以输入之前对各变量进行编码的详情。首先点击标志底下格内的小灰色格子，你将会打开一个窗口。此时在标记底下输入你使用的编码，以及在数值标记底下输入编码的指代事物，例如：若你将男性编为1，女性编2，你就要将数值设为1，将数值标记设为男性，然后点击添加，而后再重复操作，将数值设为2，数值标记设为女性。一旦完成操作，你的输出结果将自动显示标记为男性和女性，而不只是1或2.
- **缺失**。这可以让你辨认出哪些数值有缺失，例如将缺失值设为99.缺失值可编码为三种不同数值，以区别其缺失的原因。举例来说，不适用于调查对象回答的题目可输入99，若调查对象未回答则可输入999. 在确定缺失数值时，要确保其不能与实际数值重合，如将99设为年龄变量的缺失值，尽管可能性不大，但可能会导致99岁调查对象的答复直接被分类到缺失数值中。
- **测量**。这里确定数据测量的水平，如定类、定序，或者说确定数据“刻度”（此处数据刻度也包括定距、定比）。

至此，你已准备好进行数据输入的步骤。返回数据视图窗口，接着仔细输入你的数据，尽量避免任何可能影响分析的误差，记得要输入缺失值。一旦所有数据输入完毕，即可准备进行统计分析。

使用 SPSS for Windows 分析数据

当你在分析资料时，有几项需要遵守的步骤：

1. **确定你需要查明什么**。将你的需求事先列出。你需要知道什么？你需要比较哪些变量？只需进行必须的统计检验，如果一项检验即可达成目标，那么只进行这一项检验。在不需要的情况下，不要试图尽可能多的囊括各种数据的分析。

2. **选择适合的检验**。选择一个适合的统计检验方法以得到所需数据。随后，使用页面上方的菜单，点击分析，再选择需要的检验方法。此选单有许多选项可供选择，包括制作表格，以及描述性与推论性统计，并提前确定其是单尾检验还是双尾检验（参阅第 229 页重要术语）。

3. **选择被检验变量**。一旦选定检验方法时，你就得决定需被检验的变量。点选对话框左边方框中的适合变量。将它们移动至合适的方格中，例如移进自变量方格中。可能你还需要选取与之比较的变量，例如独立样本 t 检验会要求你输入变量组别。仅需输入你想要比较两组的编码即可，如男性为“1”，而女性为“2”。

4. **确定统计的显著性水平**。你要确定你结果的显著性为 0.1、0.05 或 0.01（即 P 值，见本章稍后部分）。这需要在分析前，而不是分析后确定。

5. **诠释输出结果**。SPSS 将呈现一个输出结果窗口，依据采用的检验方法不同，呈现的信息也各异。最令你感兴趣的信息是显著性水准。SPSS for Windows 将说明显著性水平，若其低于你所设的门槛（通常 $P = 0.05$），即能假定变量间有显著关系，便可否定你的零假设。

6. **制作图表的输出结果**。此步骤与数据分析的流程相同，表格将在输出窗口呈现或在分析菜单中选择基础表格或自定义表格。注意，制图点击的不是分析，而是图表（graphs），然后遵守上述的指令操作。统计图可以直接复制贴至 Word 文档，也可以把图表连接至数据档，所以当你更新数据档时，也可同时更新文件中的图表。

分析数据

这部分将阐述几个常用的统计分析方法。如前所言，描述性统计可以整理和总结数据；推论性统计可从较大的总体中抽样，分析两个或多个变量间的关联或差异，以作总体的推论。

描述性统计

集中趋势测量

集中趋势是描述一组有某种特征的数值，常见的集中趋势有平均数、众数及中位数。

平均数是一变量所有观察值的平均分数。举例来说，你可能对某运动队伍之上座观众人数感兴趣。与其选择可能误导人的单次人数，更好的选择是算出某段时期上座观众人数的平均值，例如算单一赛季观众人数。平均数计算方法如下：

平均数 = 数值总和/观察值个数

使用 spss 测量平均数

1. 在菜单上点击分析（analyse）
2. 选择描述性统计（descriptive statistics）
3. 选择描述（descriptives）
4. 选择你想知道其平均数的变量，将该变量移至中间的方框中。
5. 点击确定。SPSS 会在另一输出结果窗口显示结果。

因此，以上面的例子而言，平均观众人数状况即某段期间内，该队所有现场观众人数总和除以比赛场数。于是，三次比赛下来其观众数为 481、375 及 425，三次人数总和（481 +375 +425）除以比赛场数（3），因此其平均观众人数为 427。

有时候你会碰到如下分组数据：

得分	次数
0－2	3
3－5	5
6－8	6
9－11	1

在此例子中，要计算平均数得将各组中点（高分和低分之间差距的一半）与其次数相乘，再除以全部观察值个数和。

得分	中点	次数	中点次数
0－2	1	3	3
3－5	4	5	20
6－8	7	6	42
9－11	10	1	10
总分		15	75

因而，平均得分为75/15，即5分。

第二种集中趋势量数为众数。你可能对于去了解运动员从某竞技运动中退役时最常见年龄感兴趣。在这种研究中，众数的数值通常要比平均数更实用。众数指的是观察值中个数或次数最多的那一组。因此，就以上分组资料的例子而言，众数即6－8那一组，因其观察值次数共6次，多于其他组别。

最后，中位数即将所有排序后的观察值分作两个均等部分的那一点。若某一周花在某运动项目的训练小时数测出为2、2、4、5、6、10、10、11、15，则中位数将会是6，因其前后都有4个数值。中位数分组法可为了比较而将一组分为两个次要组别。研究者可能对训练所花时间与自我效能之间的关系感兴趣，因而中位数分组法可以将此组分作低训练者（分值低于中位数）与高训练者（分值高于中位数）。

离散量数

离散量数（又称离中趋势量数），指的是在平均数或其他集中量数周围数据的分布情况。最常见的量数为标准差。标准差所测量的是“分数”与其平均值偏差的程度。因此，两个样本可能有一样的平均数，但其标准差不同。研究者而后意识到标准差越大的样本量数，其偏差于平均分数的程度越大，换句话说，他们就是越分散。更进一步却较少用的离散量数为其全距（range）。全距即分布最低分数与最高分数之差。

相关测量

比率。若要比较不同的总体，就可用到比率。举例来说，你可能想要找出人口总数显著不同的两个国家体育参与的差异，不能仅看其整体参与人数，比率反而更能比较其差异。比率所测量的是实际发生次数与其发生可能性之最大次数之比值。其计算很容易：

比率 = 实际发生个数/可能发生个数

有规律的参与体育运动人数在英国的比率可能是 0.15（即每百位调查对象中有 15 位），而美国的比率可能是 0.18（即每百位中有 18 位）。

比例。或许你对进行特定活动的不同组别之比例感兴趣。比例可以描述不同组别之间某部分的量化关系；例如：描述某运动群体中之男性与女性的人数比例。可用下列公式计算得知：

比例 = 次组别 1 中成员人数/次组别 2 中成员人数

若有 32000 位男性与 24000 位女性观看某体育赛事，则其比例为 32000/24000，亦即相对于每 1 位女性就会有 1.3 位男性。

百分比。百分比将某个次组别和其全部组别相比较，举例来说，利用上述场景，全部观众中男体育迷的百分比。计算如下：

次组别之百分比 =（次组别成员个数/全部组别成员个数）×100

所以男性体育迷的百分比为（32,000/56,000）×100 或 57.1%。你也可能想要使用百分比来查明表现水平，如是某人投 20 球得了 17 分，相较于另一个人投 15 球得 11 分。因为双方总分不同，所以不能直接比较。

比较的方法之一就是将其转换为百分比。第一位球员投 20 球得 17 分，相当于 85%；第二位球员投 15 球得 11 分，相当于 73%。因此用其百分比来比较其表现水平，要比原始分数比较更好。

描述性统计呈现

一般而言，描述性统计常以表格及图形等形式呈现。表格中的信息必须对应你的研究问题（除非有关联，否则你无需将每个单一的结果都呈现出来）。表格中除了应呈现原始分数外，还应包含百分比——以便比较不同样本量的组别（也需包括原始分数，并指出全部答复的个数）。你得为各表格标上合适的标记，表格形式需与表 12－1 类似。

交叉表（又称列联表），即是一种表格制作，将因变量答复列于上方，将自变量的答复列于旁侧，如表 12－2 所示。

表 12－1　调查对象的年龄

年龄	百分比	N
0～10	18.1	17
11～20	26.6	25
21～30	29.8	28
31～40	14.9	14
41～50	6.4	6
50 以上	4.3	4
	100	94

表 12－2　体育偏好的性别比较

	偏好对抗性体育项目	偏好非对抗性体育项目
男性	79	21
女性	22	78

利用 SPSS 制作表格

1. 从菜单选择分析（analyse）。
2. 选择自定义表格（custom tables）。
3. 选择基本表格或通用表格（basic or general tables）。
4. 选择恰当的变量，将变量移至中间框。
5. 点击确定，SPSS 将在一个独立的输出窗口呈现表格。

条形图利于视觉呈现数据，其包含代表每种回复的长条（纵向或横向的长条），其长度代表回复的多少。在表格的旁侧或底部都会有一尺度以表明答复的大小。

推论性统计

以上所讨论的量数用于探讨单一变量，如团队得分、一周训练时间等。然而，许多解释性研究则对两个或多个变量之间的关系感兴趣，这就是推论性统计的范畴。推论性统计评估自变量和因变量之间的关系。这可能是双变量（测量单一自变量对单一因变量的影响）或是多变量（涉及两个以上的变量）的研究。本章重点在于双变量检验，有两类主要推论检验。

1. **参数检验**。这类检定用于定距或定比数据（参见第六章）。参数检验假定数据来自于一个正态分布总体（即不是偏态分布），所测量的变量有相同的方差。

2. **非参数检验**。这类用于定类度或定序数据。此类检验对样本的分布特征不做任何假设。

推论统计需要检验假设，更精确地说，即检验零假设。零假设指你研究的变量间并无关系。因此，你假定变量间无关系，而通过检验推翻此假设。在证据提出之前，假定零假设为真。

诠释结果

推论性统计并不会告诉我们两个或更多的变量之间是否有关系。相反地，推论性统计计算的是两组或更多分组之间相关或差异结果的可能性的大小。你可以测量英国和荷兰女子篮球运动员的身高。如果平均身高的差异是 15 厘米，你可以认为其存在显著性差异。然而若差异为 10 厘米、5 厘米或 1 厘米呢？怎样的差异水平能够表示两组间确实存在差异？幸运的是，我们可以通过统计差异性检验来大大消除其不确定性。

推论性统计存在一个 P 值，P 值越小，结果的偶然性越小，变量间越是容易存在真实的关联。若 p 值为 0.10，即表示 100 次中有 90 次其结果是出自真实的关联性，并非出自于偶然。因而即使零假设为真，仍可能有 10% 的机率推翻此结果。举例来说，$p < 0.1$ 指出 10 次中有 1 次错误地推翻了真实零假设的可能性，而 $p < 0.01$ 显示的是在 100 次中会少于 1 次的情形。0.05 的 p 值在运动研究中是公认的显著水平，因此若所得的 p 值若正为 0.05 或更小，即显示你所提出的关系不是出自偶然。若你的 p 值设的更大，那么你或许无法有信心地宣称你的研究结果实际显示其真正的差异或相关性。

Field（2009）指出，统计的显著性检验并不需要是总结性结果，其仍需谨慎对待。它确实表明了自变量对因变量的影响，但不能说明其影响效应的大小。事实上，即使很小的效应在统计上也是显著的。我们不能完全肯定地拒绝零假设，因为平均数间总是会存在一定差异，即使有时是很小的差异。因此，我们需要谨慎诠释结果。

重要术语

p 值

你或许对于某体育活动中，男性和女性能力的差异感兴趣，因而想要知道这样的差异是否为自变量（在此指的是性别）所致。

▼

从各样本（男性及女性）中测得其平均数并无法总结出更大的总体会有不同的平均数。有可能总体具备相同的能力，而你所测量的差异只是巧合或偶然。你无法确定对你所测量出的差异对更广泛的总体具有代表性，或只是偶然发生一次的结果而已。你所能做的就是计算它具有代表性的概率，这个概率就是 *P* 值。*P* 值范围从 *0* 到 *1*。如果 *P* 值小（如 *0.05* 及以下），你可以得出样本平均数之间的差异不太可能是巧合。相反地，可得总体有不同的平均数，而其中也有和自变量相关的效果。若 *P* 值更高（高于 *0.1*），那么很有可能你的研究结果只是巧合，而分组间其实并不存在差异。

在进行统计检验之前确定显著性水平很重要。尽管许多人在确定显著性水平之前，会先得出检验结果，但那样做并不算好的研究。你也应该在结果中报告 *P* 值。过去并不需要报告精确数值，因为计算统计显著性的方法不同，研究人员通常报告其显著性水平小于十分之一（$P < 0.1$）、二十分之一（$P < 0.05$）或百分之一（$P < 0.01$），如今，像 *SPSS for Windows* 之类的软件可以帮助你报告精确的 *P* 值，而这样做渐渐被视为不错的做法。

重要术语

一类错误和二类错误

当选择特定水平的显著性水平拒绝零假设时，要注意有两种错误可能。如下：

- **一类错误。**此误差发生于当事实上零假设是成立时，但你却推翻此假设。因此，你可能会宣称一个实际上不存在的关系。

▼

- **二类错误。**此误差发生于当事实上零假设是不成立的，但你却接受此假设。因此，你可能会在变量间确实存在有关系时误称其并无关系存在。

犯下一类或二类错误的可能性大小，取决于你所选择的显著水准。因此，若你选择 *0.1* 的显著性水平来操作，则你较可能犯下一类错误。若你选择 *0.01* 显著水平，则二类错误便的更可能发生。

相关性检验

相关性检验指的是测量两个或多个变量之间是否相关的检验方法，换句话说，当自变量改变，因变量随之改变。因此，你可能对体育参与和其收入之间是否有相关性存在感兴趣，于是试着评估参与及收入两变量间是否相关。以下有几个检验方法可供考虑。

相关性

相关性检验的是两个含有定距或定比数据变量之间的关系，例如某运动产品广告花费与其销售之间的关系。相关性可以指出：

- 两变量之间是否相关。
- 相关的方向，亦即其为正向或负向。
- 相关的强度。

正向相关存在于当一个变量的分数随着另一变量分数变高而变高，例如：成绩表现会随着自我效能提升而增高。负向相关即某变量之分数随着另一个变量分数变低而变高，例如：在某种场合运动活动中，成绩表现会随着焦虑水平的上升而下降。相关性强度从 -1.00 到 +1.00。分数 -1.00 代表完全负相关，也就是当某变量分数降低，另一个变量分数一定会提高。分数 0.00 代表变量间并无相关，或是彼此之间没有关系，而分数 +1.00代表完全正相关，亦即变量间分数会一起上升或下降。

相关性有助于识别关系，但无法确定因果关系，也就是 X 变量引起 Y 变量发生的程度。因为 X 变量是否导致 Y 变量通常是不清楚的，如增加焦虑会导致表现水平的下降，还是 Y 导致了 X，即表现水平的下降导致了焦虑的增加？两者可能是相互关联影响，最终，可能会得出一种未查明的变量导致了 X 和 Y 变量的同时增加。因此，你应谨慎从相关性关系推向因果关系。如若作此判断，你应确保前面正确解释了自变量和因变量。

运用 SPSS 的相关法

1. 从菜单中选取分析（analyse）。

2. 从选项选取相关（correlate）。

3. 决定你想要进行相关性的种类（一般相关，非唯一相关或双变量相关）。

4. 将你想要分析的变量移到合适的框内。

5. 决定你需要使用的相关性种类，例如 Pearson 或 Spearman 相关法，单尾检验或双尾检验。

6. 点击确定，产生相关。

如前所述，相关性的结果是 -1.0 到 1.0 之间的数。你可以使用结果数来表示效果量，相关系数小于 0.1 代表效果量小，0.3 代表中等效果量，0.5 或以上代表较大的效果量。

重要术语

单尾和双尾检验

你的检验将探究一个特定的预测（你的假设），这一预测可能是方向性的或者是无方向性的。“可支配收入的减少将导致体育用品花费的减少”这一假设是方向性的，即我们清楚相关的方向。而“引入新的经理将影响体育制造组织的生产能力”这一假设是无方向性的，即我们不清楚这种变化是积极还是消极的。这时，你需要选择双尾检验。如果是方向性检验，你可选择单尾检验，否则会增加犯二类错误的可能性。

使用 Pearson 或 Spearman 相关法

Pearson 相关系数用于分析两个以定距或定比为量数的变量，但数据要有参数的性质。因此，若要了解打高尔夫球者身高与平均击球飞行距离之间的相关性，便可使用 Pearson 相关法。相对于 Pearson 相关法，Spearman 等级相关法则是用于无参数、定序或有排序性质的数据上。因此，若你正针对高尔夫球成绩表现进行研究，并且对于准确度排名与所得奖金排名之间的关系感兴趣。由于数据是定序又非参数的，不适用 Pearson 相关法，故而可用 Spearman 相关法来检验。

回归分析

即便相关法可以从两个变量间指出其关系，但它却无法确认其效力强度，例如其自变量数值的上升对因变量可能造成怎样的结果。但若在两变量间做回归分析，便可以有效计算出最佳拟合直线（best fit line），用以预测某变量影响另一变量的效力。使用 SPSS 回归分析需从菜单中选取“分析→回归方法→线性回归”。其先报告方差分析，基本说明了回归分析预测的自变量对因变量的影响效力。如果其为显著性，那么回归模型是一个更适合的预测方法，仅需使用平均数，随后的系数（以 β 表示）使得你确定自变量对因变量改变的效力。详见 Field（2009）。

差异性检验

差异性检验用于评估两组样本间的差异是否是偶然发生事件，还是特定变量影响的结果。

独立样本 t 检验

独立样本 t 检验是检验两个相异组别平均分数是否存在显著差异。例如，你或许对内心演练对于高尔夫球推杆表现的影响有兴趣，因此你将调查对象随机分至练习组或未练习组，然后比较其分数，以了解其中是否有显著差异。本方法使用条件为：

- 数据为定距或定比性质。
- 各组皆随机分配。（因此，你应使用方差分析而不是 t 检验来对比男性和女性间的差异，因为性别差异不是你能够随机分配的。）
- 两组相互独立。
- 两组中的方差和分布状况相同。

运用 SPSS 进行独立样本 t 检验

1. 从菜单中选取分析（analyse）。
2. 选取比较平均数法（compare means）。
3. 选取独立样本 t 检验（independent sample t－test）。
4. 选取自变量并移至中间格子内。
5. 选择你所想要比较的分组变量，将它移至分组变量格内。
6. 点击定义组别（define groups）。
7. 输入要比较的两组编码（例如男性输入 1，女性输入 2）。
8. 点击继续（continue）。
9. 点击确定，SPSS 就会制作 t 检验的结果。

成对样本 t 检验

独立样本 t 检验是测量两组间的不同，而成对 t 检验测量的是当施测时间不同时，单独一组的平均数是否有异；举例来说，某分组于内心演练后的推杆表现和内心练习前的推杆表现出现显著差异。

运用 SPSS 进行成对样本 t 检验

1. 从菜单中选取分析（analyse）。

2. 选取比较平均数（compare mean）。
3. 选取成对样本 t 检验（paired samples t - test）。
4. 选取成对变量，并将它们移至中间格子内。
5. 点击确定，SPSS 就会制作 t 检验的结果。

方差分析（ANOVA）

方差分析在性质上与独立样本 t 检验相似，但方差分析却能比较两组以上的差异。如果你要探究性别差异，那么更适合用方差分析，而不是独立 t 检验，因为参与者无法随机进行分组。

运用 SPSS 进行方差分析

1. 从菜单中选取分析（analyse）。
2. 选取比较平均数（compare means）。
3. 选取方差分析（ANOVA）。
4. 选取变量并将其移到中间方框内。
5. 选取独立变量并将其移到因素方框中。
6. 点击确定，SPSS 就会制作方差分析的结果。

Mann - Whitney 检验

Mann - Whitney 检验可替代独立样本 t 检验，适用条件为你的数据为定序且非参数时。此检验对排序数据有效，并不能检验实际数值，所以需要给排序赋值（最小数可排序为“1”，第二小的数排“2”，等等。），不必在意每个调查对象属于哪一组。检验的原则是，若各组相等，排序和也应相等。如果各组不同，那么 Mann - Whitney 检验将通过排序数的差异来进行区分。

运用 SPSS 进行 Mann - Whitney 检验

1. 从菜单中选取分析（analyse）。
2. 选取非参数检验（non - parametric tests）。
3. 选取两个独立样本检验（independent samples test）。
4. 选取因变量，并将其横移至适当方块内。

5. 选择你所想要比较分组的变量，将它移至分组变量方框内。
6. 点击定义组别（define groups）。
7. 输入欲比较两组的编码（例如男性为1，女性输入2）。
8. 点击继续（continue）。
9. 在对话框下勾选 Mann－Whitney。
10. 点击确定，SPSS 就会制作 Mann－Whitney 检验的结果。

Wilcoxon Signed Rank 检验类似于 Mann－Whitney 检验，不过其检验的两组数的差异来自于同样的调查对象（它是独立样本 t 检验对非参数样本的另一种有效选择）。Kruskal Wallis 检验是对非参数样本方差检验的另一种选择，可用于检验三个或以上自变量间的差异。这两种检验都可以用“分析→非参数检验”来测量，而两个相关样本时选用 Wilcoxon Signed Rank 检验，K 个自变量时选用 Kruskal Wallis 检验。

卡方检验（chi－squared test）

对于无参数的定类数据而言，卡方检验非常实用。其做法是将给定变量的实际发生的次数与在各分组间无差异的情况下预期次数相比较。举例来说，你可能对于不同性别是否有不同运动偏好的研究有兴趣，研究结果可能如下：

	偏好对抗性运动（%）	偏好非对抗性运动（%）
男性	79	21
女性	22	78

以上表明，男性和女性所偏好的运动种类有显著差异，这结果可通过卡方检验进行确认。

运用 SPSS 进行卡方检验

1. 从菜单中选取分析（analyse）。
2. 选取描述性统计（descriptive statistics）。

3. 选取交叉表（crosstabs）。
4. 选取欲比较变量，并将其移到横列方框内。
5. 选取另一变量，并将其移到直栏方框内。
6. 点击统计（statistics）。
7. 勾选卡方检验和继续。
8. 点击方格（cells）。
9. 核对“预期”方框，并点击继续。
10. 点击确定，SPSS 就会制作卡方检验的结果。

如果有显著性结果，那么你接下来需要检查你的结果（观察结果）与预期结果之间的差异。

你应确保每个方格（cell）内至少有五次的数据，否则检验的准确性将可能出现问题。

以上是对不同统计检验方法的简要指导，我们没有囊括所有检验方法，或许存在更适用的其他方法。如果你的研究涉及到统计分析，我们强烈建议你阅读专业文章，以全面掌握每种检验的原则。

我应使用哪一种检验方法

本书仅涵盖了较常使用的检验方法，你该花时间研读、比较手头上可用的不同种类检验方法，并知道这些检验方法使用的适用条件。你更应该了解如何去解读这些检验方法所呈现的结果，因为即便你顺利从某种方法得到高度显著的结果，但不晓得该结果的含义为何时，那便是枉然。重要的是，你必须确实选对检验方法，否则你的研究结果将没有意义可言。最后在选择检验方法时，了解你所收集的数据种类非常重要。

- **定类尺度**。若你对定类数据的频数差异感兴趣，建议你考虑卡方检验。如比较出生月份是否会影响一人参加的体育项目种类。
- **定序尺度**。若你对分组间的相关性感兴趣，就用 Spearman 检验法。若你想探索分组间的差异，则适用 Mann - Whitney 检验法。如果分组是成对的，那么使用 Wilcoxon Signed Rank 检验，如果有三个或以上分组，那么考虑 Kruskal Wallis 检验。

■ **定距尺度或定比尺度。**你想试着在两个变量间找出关系吗？若是的话，建议你考虑使用 Pearson 相关法。如果变量有三个，甚至三个以上，则考虑多元回归法。若你关心的是变量间的差异，则适用 t 检验或方差分析。若你想要在同一个分组之中找出差异，就用成对样本 t 检验。若你在比较两个不同分组，则该用独立样本 t 检验。若你将非随机分配的两组或三组及以上进行对比，可用方差分析。

报告结果

你应详述统计结果，而不是简单的说明结果显著与否。首先考虑你是否需要在文本内报告结果，还是以表格呈现结果（任何呈现方式都比仅呈现简单的结果好）。

■ 相关性研究，你需要报告相关系数和可能性。如果是单尾检验，你也应对此进行说明，如“赞助商标牌被电视收看者看到的次数和以后对牌子的回忆之间存在正相关关系”（$r = 0.47$，$p < 0.01$）。如果可能的话，尽量报告出其效力（Field 2009）。

■ 成对样本和独立 t 检验应报告其检验统计量（test statistic）、自由度、概率和效果量（effect size）。

■ 方差分析，应报告 F 值，自由度和概率。如方差显示性别对于结果有显著影响［$F(4, 245) = 3.93$，$p < 0.01$］。

■ Wilcoxon Signed Rank 检验、Mann – Whitney 检验和 Kruskal Wallis 检验，需报告检验统计量、自由度（通常 Kruskal Wallis 检验需报告）和概率。因此，你可报告：Kruskal Wallis 检验表明赛前饮食和随后的表现水平有明显差异［$H(3) = 5.76$，$p < 0.05$］。

■ 卡方检验需报告检验统计量、自由度和概率，如三月份出生的人更倾向于选择板球为主要运动项目［$X^2(1) = 29.89$，$p < 0.50$］。

结　语

最后，我们强调：进行统计分析得出显著结果本身并非那么重要。重要的是，要能诠释你的研究结果；换句话说，就是要能够了解其真实的意义是什么。例如，若你采用成对样本 t 检验，并呈现出显著的结果，这实际上代表什么？正确的诠释和进行正确检验方法是一样重要的。统计方法只是你用于协助分析研究的工具。

量化分析中的易犯错误

- 选择不正确的统计检验方法，常将参数检验用于非参数数据。
- 问卷设计出问题，以至于数据形式不正确，无法用于适当的统计检验。如你需要定距数据，而问卷答复格式却提供定序数据。
- 诠释 P 值有误，或错设显著水平，而导致一类或二类错误。
- 统计分析操作完成后确定显著性水平。

本章小结

1. 有很多分析量化数据的分析方法，描述性统计使得你整理和总结数据，而推论性统计可使你推论两个或更多变量间的差异或关联。许多电脑软件可协助你进行描述性或推论性统计，SPSS for Windows 是其中最有效的。

2. 推论性检验存在一个 P 值，表明变量间关联或差异存在的可能性。若 p 值为 0.05，即表示 100 次中有 95 次其结果是出自真实的关联性，并非出自于偶然。

3. 尽管统计分析过程必须正确完成，但统计分析的重要性并不在其本身，而在于正确诠释分析结果。

活　动

1. 你的分析目的是什么，即你要查明什么？
2. 哪种统计检验将为你提供你所需结果？
3. 你的数据正确吗？（如定序、定距检验，检验应用于参数数据等。）

4. 你是否评估了一类错误和二类错误的可能性?

你应尽量更多学习 SPSS for Windows 软件。利用软件包中的样本数据库操作描述性或推论性统计。不要过于关注数据的主题，而是注重理解软件包的原则，并试着输出图表。不要过于关注数据说的是什么，而是要获取使用程序的信心。

延伸阅读

Acton, C. , and Miller R. (2009) SPSS for Social Scientists (2nd edn), Basingstoke: Palgrave Macmillan.

Field, A. (2009) Discovering Statistics Using SPSS (3rd edn), London: Sage.

Ntoumanis, M. (2009) A Step by Step Guide to SPSS for Sports and Exercise Studies (2nd edn), London: Routledge.

Vincent, W. (2005) Statistics in Kinesiology, Champaign, IL: Human Kinetics.

第十三章　数据分析（二）：质性数据分析

本章主要内容：

- 介绍质性数据分析的基本原则。
- 描述各种不同的编码方式，构成质性数据分析的框架。
- 描述一种生动表现质性数据的方法。
- 探讨最大增加解释可靠性的方法。

引　言

与看起来更“有逻辑”和“客观的”量化数据相比，质性数据分析就没那么直接了，部分原因是没有广泛接受的质性分析方法，而且你可能会在阅读中注意到，许多研究人员在报告质性研究时使人看不明白其分析是如何发生的。因此，关于质性分析总会有些神秘氛围，尤其是与看来相对直接和客观的量化数据分析相比。另一方面，有的人认为，质性分析能够提供“更丰富”、更详细的研究结果，更大的解释以及有机会获得无法预料的发现结果。从本质来讲，两种数据分析的目的是相同的，即搞明白数据的含义，以便获得证据回答你的研究问题。尽管量化数据和质性数据的本质不同，如表 13 – 1 所示，它们的分析原则却并不完全不同。

表 13－1 量化和质性分析的异同点

相似点	差异点
▪ 两者的分析都涉及到推理，即它们都基于证据达成结论。 ▪ 两者都是一个系统的过程。 ▪ 两者都涉及到对比，或者是内部对比或是与其他相关证据的对比。 ▪ 都努力避免错误、虚假结论和误导推理，寻求有效的描述和解释。	▪ 量化分析高度标准化，项目间差异很小，质性分析有更多可能的方法。 ▪ 量化分析发生在数据收集的结尾；质性分析在数据收集之中发生。 ▪ 量化分析倾向于通过控制代表“事实”的数字来检验假设。质性分析以文字形式混合经验型证据和抽象概念来解释或说明一条理论或一种解释。 ▪ 质性分析没那么抽象，认为现实生活不能被数字测量。

来源：选自纽曼（Neuman 2000）

质性分析的步骤

如我们提到过的，体育研究中没有一个被认可的分析质性数据的单一方法。这部分将对一些分析方法进行概述。不过，如果你分析质性数据，建议你看一些教科书更详细的阅读各种分析方法，如 Miles 和 Huberman（1994）。其关键依然在于确保你的分析适于达到研究目标。你的数据收集必将带来很多页码的抄本、现实笔记等，它们都需要组织、集中和解释。为此，Miles 和 Huberman（1994）认为质性数据分析包括三个程序。

1. **数据简化**。这指大量质性数据，访谈文稿、实地笔记、观察等被减少和组织的过程，如编码、写总结、排除无关数据等。这个过程应在数据收集时即开始，并贯穿整个研究。在这一阶段要试图排除那些无关信息，但确保在以后需要时还能找到这些信息，因为预料不到的研究结果可能需要你再次调查你先前认为不需要的信息。

2. **数据展示**。Miles 和 Huberman 认为为了从大量数据中下结论，很好的数据展示，如以表格形式、图表形式、网络或其他图示形式来呈现数据是很必要的。另外，这是一个持续的过程，而不是在收集数据结束时进行一次操作。

3. **总结结论/证明**。你的分析应可以使你开始形成研究结论。这些最初的结论可以随后被证明，即通过参考现有实地笔记和进一步数据收集或与同事的批判性讨论检验它们的效度。现实中，作为质性研究人员，你应在数据收集过程中已形成最初的观点和分析。

质性数据编码

数据简化步骤的关键过程是数据编码。编码是将原始数据组织为概念分类。事实上每个编码都是一个分类或“容器”来放置一块数据。编码是提供某种数据逻辑结构的第一步。如 Miles 和 Huberman（1994，第 56 页）所说，“编码是研究中将意义单位分配到描述性或推理性信息时所编辑的标签或标牌。编码常常与各种大小的‘片段’相关，如词、短语、句子或整段。”编码应有效，即应准确反应所研究的事物，互相排斥，因此编码应完全分开、没有重叠且穷尽所有，即所有相关数据都有适合的编码可以放置。

如果在收集数据前你已形成了概念框架，那么编码一般从概念框架中产生。另外，你应允许在主轴编码中产生进一步的、意料之外的编码。编码应有深刻见解，为读者提供潜在的社会过程，而不是简单的一个词的描述。因此，如果你研究伤残运动员的经历，发现关于损伤影响的数据，随后不要将其命名编码为“损伤”（injury）而是确保称其为“损伤反应”（reaction injury）。

个案研究

编码实践：体育、国家认同和媒体

Maguire 和 *Poulton*（*1999*）分析了 *1996* 年欧洲杯期间体育、国家认同和媒体间的关系。他们对媒体对足球的描述以及当时对欧洲政治描述的关系尤其感兴趣。作者对八家英国报纸进行了质性内容分析，确定了一些恰当的编码，提供数据分析的框架。*Maguire* 和 *Poulton* 确定的编码是：

- 国家符号/偏见。
- 国家认同/习惯和个人代名词的使用。
- 战争词汇。
- 自我陶醉的语言。
- 对创造传统的提及/怀旧。
- 欧洲政治相关问题。

通过分析以上各个主题，作者可以总结出媒体对 *1996* 年欧洲杯的报道事实上更多的为分离竞争国家而不是联合她们而服务。通过反应潜在的政治紧张情况，媒体仅是加强了现有的偏见。编码使作者总结出要点，构成了结构清晰和有条理的分析，否则这是达不到的。

数据编码步骤

以下是进行数据编码的推荐构架。

1. 认真阅读数据，查明所有与研究问题相关的陈述，并将其配置到编码或分类中。随后将这些编码标出，每个相关陈述都被安放在合适的编码下，无论通过人工操作还是电脑操作，并加上一些研究人员希望加进去的笔记或备忘录（如下），这就是开放式编码。

2. 利用第一步形成的编码，研究人员再次阅读质性数据，寻找可能适合某分类类别的陈述。这一步还可以进一步形成编码，被称为主轴编码（axial coding）。

3. 一旦前两步完成后，研究人员应加强分析，寻求编码中的模式和解释。可以问以下类似问题：

- 我能把一些编码聚合一起放在一个更概括的编码下吗？
- 我能有次序的组织编码吗（如：编码 A 发生在编码 B 之前）？
- 我能识别出因果关系吗（是否编码 A 导致编码 B）？

4. 第四步是选择性编码。这涉及到通过阅读原始数据查找事例证明分析或解释概念。研究人员在查找确证数据的同时，也应查找相矛盾的数据，因为避免只选择支撑你自己观点的数据很重要。你应避免确认偏误或倾向于寻找和报告那些支持你自己研究结果主要观点的数据。

当你编码数据时，你还应准备好写备忘录，记录编码数据时产生的想法，如关于解释、创建理论或其他观点。他们在以后搞明白数据意义方面极其有用。你可以将它们写在手抄本上，或记录在它处。尽量使你的备忘录详细，这有利于后面的分析。

如 Biddle 及其同事所说（2001），你编码的数据随后被组织起来，使数据单位（语句、句子等）集中到普通的主题中（本质上与编码相同），如此以便相似的单位聚合到一阶主题，与不同含义的单位区分开来。随后，一阶主题再重复这一相同过程，以聚合到二阶主题。这一过程尽可能多的重复（图 13－1）。Roberts 及其同事（2001），对高尔夫球手对使用球杆的舒适程度感兴趣，他们提供一个这一聚合过程如何发生的例子。

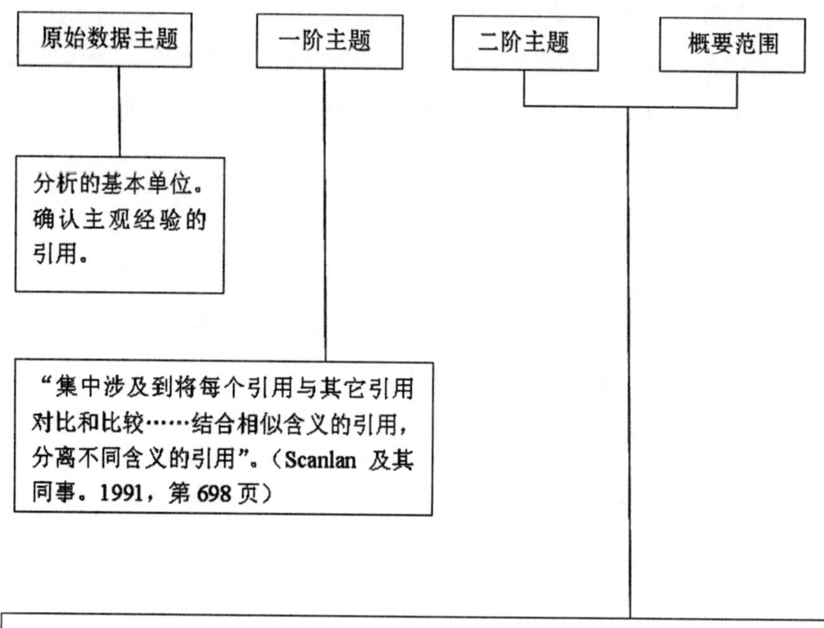

图 13－1　质性数据主题分析的框架

来自：选自 *Biddle* 及其同事。*2001*，第 *797* 页

他们的分析呈现在图 13－2。他们对数据单位的绘图表明从右到左进行分析的逻辑顺序。如，你首先想要介绍自己的概要范围（“球杆控制”）。然后你可以讨论更高水平的主题“可控的感觉”，并参考相关数据单位说明主题。然后你可以以相同方式对概念“不可控的感觉”进行讨论。你会发现并没有任何数字分析的迹象，任何一步都无需将数字进行分类。如 Krane 及其同事（1997，第 214 页）所说：在经历分类之后写上频率等同于告知其重要程度；因此，可以通过数字获得价值。在许多情况下，罕见的经历并不是不如那些较常见的重要、有价值。有时罕见的经历可能是最有启发意义的。

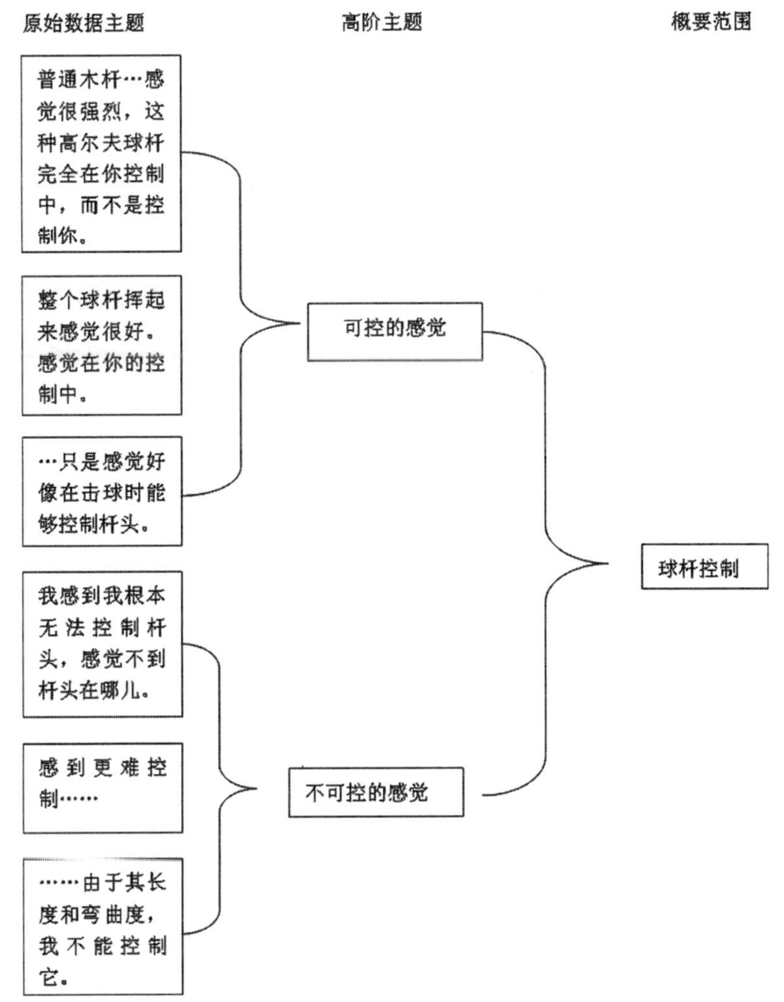

图 13－2　对高尔夫球员感知的质性分析

来源：选自 *Roberts* 及其同事。*2001*，第 *493* 页

数据编码后的任务

编码完成后，你应寻找发生的模式或规律。在每个编码内查找说明或描述你感兴趣情境的数据单位。试着找出关键词或短语，如“因为”“尽

管”“为了”“否则”等，

试图通过对调查对象赋予现象的含义和价值进行解释来弄明白数据的意思。不仅找出那些支持你理论的陈述，还要找出反驳你的理论的陈述，建立论题的综合图景。Frankfort - Nachimas 和 Nachimas（1996）提出一些自问的问题将有助于你的分析。

1. 要说明的是哪类行为？
2. 其结构是什么？
3. 频率怎样？
4. 它的原因是什么？
5. 它的过程是什么？
6. 它的结果是什么？
7. 论及这一行为时，人们的策略是什么？

利用原始数据支持分析

在结果和讨论中，直接引用参与者的话或引用直接观察的现场笔记也常常是合适的。这种引用可以丰富你的报告，使你的研究结果鲜活，增加报告的易读性，不过你应避免过度引用。利用直接引用或观察的黄金法则如下。

- 当描述一个非常好的现象时。
- 呈现不寻常事例时。
- 呈现出乎意料的数据时。

在没弄清楚这些引用和你的分析如何相关之前，你要避免妄加引用。

电脑分析和质性数据

许多作者建议使用电脑软件来分析质性数据，如 NVivo 或 NUD * IST 软件包。这些软件包一般有助于管理和分析质性数据。它们使你储存和组织文件，将观点与文本相联系，找到数据中的模型。质性数据分析使用电脑软件存在许多问题，首先，尽管电脑分析速度更快，并且看来更客观，但人为为具体引用“贴标签”的过程常被认为是可取的，因为这会带来对数据的“感觉”，促使增加对抄本的熟悉程度。其次，如 Dey 所说（1993，第 61 页）“使用电脑会促进分析的‘机械’的方法，在这种情况下，分析中的创造性、直觉和洞察力将黯然失色”。研究分析可能会变成一个例行程序和机械过程（Lee 和 Fielding 1996）。第三，软件进行的分类还需要研究人员提前具体明确和编码词语。由于可能答案范围广泛，所以这也一样十分耗时。第四，大多数现有软件只识别具体词或短语能出现的句子，常常无法定位语境。最后，人为给副本贴标签所耗费的多余时间被掌握恰当的电脑软件包操作技能所需的时间所抵消。尽管一些软件包非常强大，但确实需要一些时间来学习，甚至还需要专业的指导。

在决定使用哪种具体方法之前，你需要从正反两方面来衡量是否要耗费时间学习这样的软件包。如果你要在有限时间进行相当大量的质性研究，那么学习这样的软件包或许是值得的。如果你要进行的是一篇短期的研究，那么我们建议你人为分析。拒绝使用电脑软件进行分析，但不要马上认为这样分析质量就会比电脑分析质量差。如 Krane 及其同事（1997，第 215 页）所进行的电脑与人为分析的比较：

这两种程序都不会直接影响研究的价值；它们仅是调查者处理数据的方式……无论使用 NUD * IST 或 Hyperqual 电脑程序还是，还是将 3 × 5 卡片粘贴到墙上，他们在概念上来说是做着同一件事情。

因此，只要分析操作正确，如上所述，分析方法与获取信息质量并不相关，无论电脑还是人为方法，研究人员都是做着相同的事情，电脑分析和人为分析一样会做得一样好，或一样差。看看 Lewins 和 Silver（2007）提供的一些有用背景信息或类似其他信息将有助于你做决定。

确保分析的可靠性

从外部看，尽管量化数据的分析相对客观和明显，但质性数据分析可能会有更大量的解释和讨论，尤其是解释的效度。可以使用许多方法来增强解释的效度，Holloway 和 Wheeler（2009）总结出确保数据可靠性的方法，如下：

成员确认——一种值得注意的方法是让调查对象来判断这些分析和解释，让他们阅读分析总结，严格评论研究结果的准确性。尽管这不是所有质性分析的要求，但这是对质性研究人员的有效训练。不过这就引起了新的问题：如果调查对象不赞同怎么办？这时就需要识别不赞同的来源，评估其是否有效（可能是参与者误解了一些分析，或分析目的不同）。因此，赞同与否本身也是可以质疑的。尽管如此，成员确认依然是质性研究人员的重要工具。另外，也可以进行同行评审，由另外的研究人员担当成员，查找解释中的矛盾、偏误或可能的错误。

搜寻否定案例或可替代解释——解释不应只关注于查找支持和说明研究者观点的案例，还要查找和说明那些相悖案例。

三角互证——第七章中对此进行了说明，这也是证明分析可靠性的有用方法。

审查跟踪——为了确保信度（就质性研究来说，参阅第六章），所有研究应该有一个审查跟踪，使得他人能够通过审查跟踪来判断研究操作的过程和研究过程的关键过程。这应包括对收集数据中背景、参与者和情景的“丰富”（或密集的）描述，以及对数据收集和分析中所作决定理由的描述。

反身性——反身性指研究人员认真反思他们在整个数据收集过程中的角色，向读者说明这种意识以及反身性是如何影响研究结果。

另外，你还应确保你对研究的书面记录是：

语境完整——通过对背景丰富的描述，你的解释要参考群体所在的全部情景，识别任何异质特点等。

逼真性。它会为读者提供一种几乎“在那里”的感觉吗？会使他们对文化产生一种感觉或理解吗？

本章小结

1. 尽管质性和量化数据的本质不同，但对两者的分析都涉及到推理、系统分析和对比。都试图寻找有效的结论和避免错误。

2. 有许多处理质性分析的方式。

3. 分析质性数据贯穿在数据收集过程中以及数据收集完成后。

4. 质性数据分析有三个关键步骤：数据简化、数据展示和总结结论/证实。

5. 在编码过程中进行数据简化。编码是将意义单位分配到数据块中，可以是开放编码、主轴编码或选择编码。编码的显示或组织促进结论的形成。

6. 你可以进行人为分析或电脑分析，各有利弊，但不管选择哪种方法，最终的分析结果是相同的。

7. 你可以通过许多方式最大的增强数据的可靠性，如成员确认、搜寻否定案例或可替代解释、三角互证、审查跟踪和反身性。

活　动

1. 采访一个对体育热衷的人，并将访谈转化为文字。询问他们参与和观看比赛的体验，将访谈编码，先使用开放编码，再使用主轴编码。

2. 从编码中你能得出任何结论吗？

3. 现在进行选择编码，解释、支持或拒绝你的结论。

4. 请你的同事也进行开放和主轴编码这同一过程，结果可靠吗？

5. 作出能展示研究结果的图示。

关于你的研究项目

如果你的研究项目涉及到质性数据，那么你需要考虑以下两点：

- 你如何最大增强数据的可靠性？你考虑过使用何种策略吗，如成员确认？
- 在研究撰写中，你是否将数据分析的过程清晰呈现给了读者？是否存在一个清晰的审查跟踪？是否证明了反身性？

延伸阅读

Denzin, N and Lincoln, Y. (eds) (1994) Handbook of Qualitative Research, London: Sage.

Denzin, N and Lincoln, Y. (eds) (1998) Collecting and Interpreting Qualitative Materials, London: Sage.

Lewins, A. and Silver, C. (2007) Using Software in Qualitative Research: A Step – by – Step Guide, London: Sage.

Miles, M and Huberman, A. (1994) Qualitative Data Analysis, Thousand Oaks, CA: Sage.

第十四章　撰写研究报告

本章主要内容：

- 介绍撰写研究报告的过程。
- 概述典型研究报告的结构。
- 列出检验所写研究报告的质量需要评估的方面。
- 描述如何口头陈述研究的相关议题。

引　言

研究的一个重要部分是将研究呈现出来以与他人交流研究结果，呈现方式可以是研究报告、学位论文、期刊文章或演讲介绍等其他形式。如果研究报告写作拙劣，你的阅读再广泛或收集的数据再优质也无济于事，所以务必要确保自己不要在最终撰写研究报告时失败。本章将指导你的研究报告撰写过程，重点介绍你可能遇到的问题，以使你最终呈现出客观的研究。

撰写研究报告

撰写研究报告可使你与他人交流你回答具体研究问题所进行的研究过程。这是一项艰难并且耗时的任务。这里提出下列五条主要建议。

1. 要尽快开始撰写研究报告，不要等到完成数据收集之后才开始写作。文献回顾和方法论等许多部分都可以在数据收集期间，甚至之前开始草拟。

2. 即时写下产生的想法，而不是等到撰写研究报告阶段才开始动笔。坚持写研究日记，完整地记录任何想法，尽管并不是所有的想法都有用，但其中必有可用的观点。不要指望以后还能再记起这些观点。

3. 注意研究报告的性质和目标读者。如果是学生研究项目，那么要确保你已经阅读和明白了你所在机构对内容、呈现形式、篇幅等的规定标准。如果写期刊文章，要确保你的研究在期刊目标范围之内，并且符合编辑要求。如果撰写报告或专家咨询文章，那么要明晰受众的要求。

4. 最终的研究报告无法一次完成，需要不断修改直到圆满完成。在研究的时间计划中要考虑到这一点，并且不要因初稿的不完美而沮丧。

5. 在撰写之前要确保你有足够的光盘、记忆卡或网络硬盘，以随时备份你的工作文件。但无论怎样，不能认为存在硬盘上的数据资料一定安全。你应将备份文件保存在一个单独分区中。将资料存在笔记本电脑中也不是什么好主意，如果电脑丢了，那么无论备份与否，其中的所有工作文件资料就都丢失了。更安全的办法是定期打印出你所完成的写作。

正如我们所强调过的，撰写报告是一项艰巨的任务，对于没有经验的研究人员来说，要比想象更耗时。以下是你必须经历的几个步骤。

1. 首先，确定预定报告的性质和目标读者。可以尽量多地阅读些以往的研究报告，无论其优劣，学习其优，预防缺陷问题的发生。

2. 明确篇幅、格式如双倍行距或参考文献格式等要求，最好可以了解过去项目的做法，以使自己在开始写作前形成大体的认识。

3. 在研究期间，你应收集完成研究报告写作所需要的信息，如文献回顾、原始资料分析、参考文献清单等。

4. 备好报告写作的计划提纲，这份计划至少应包括一系列的章节标题，最好更为详细，比如包括副标题等。最初提纲越详细，完成研究报告初稿撰写的过程就越轻松。

5. 完成研究报告的第一稿，但不要指望其成为最终提交稿。

6. 自己阅读评价初稿内容，或者最好是找他人来批判性的阅读评价你的初稿。

7. 根据实际情况修改和再次评价报告，这一过程可能需要反复进行。

8. 最终编辑和校对。到达这一阶段的研究人员很容易跳到最后校对直接提交项目。务必重新阅读，检查拼写和语法，并找其他人来帮助检查（当你已将自己的文章阅读多遍之后，就很难再读进自己写的内容了）。不要依赖于文字处理软件包中的拼写检查软件，虽然它是很实用的工具，但它不能分辨出所有错误，如将“their”打成了“there”时。

9. 研究报告的提交。现在你可以轻松一下啦！除非你需要参加口头报告，否则在一段时间内先不要读研究报告……你只会挑出之前没发现的错误，或者发现自己可以写得更好等。所以，还是享受完成研究的成就感吧！

在撰写报告时，不要拘泥于一章一章先后完成，同时写作不同的部分也是不错的选择，如此一来即使遇到“写作瓶颈（writer's block）”，你也可以继续推进，而再次返回问题部分也更容易。你也无须完全遵循呈现研究报告的顺序来写作，摘要和绪论等最好留在最后再写。撰写报告的过程并没有固定的套路，常常依赖于个人的偏好。

构建研究报告的框架

根据研究性质，可以不同方式构建研究报告的框架。你可能会发现，你所选的方法倾向于形成一个不同于我们所介绍的报告框架，比如你进行的是民族志研究，那么你可能希望将结果和讨论整合在一起。如果你认为需要采用不同的框架，那么可以与导师或研究指导老师讨论，以一篇学士论文为例，常用的框架如下所示。

- 摘要
- 致谢
- 目录
- 图表目录

- 绪论
- 文献回顾
- 研究方法
- 结果
- 讨论
- 结论与建议
- 参考文献
- 附录

摘 要

从本质来看，摘要即是对研究的总结，描述研究论题，明确研究问题或假设、研究目标和研究方法，以及对主要结论和建议的概要。摘要需要简短，应在你所在机构或期刊等要求的字数范围之内，通常为 100 至 200 字（博士论文可稍长）。人们通常依据摘要来判断论文的实用性，所以你要确保摘要囊括所有相关的细节。

致 谢

报告中应感谢在研究中给予你帮助的人们，包括提供信息的人、提出有见解的线索或给予特别支持的重要人士。如果研究获得了资金支持，在此也应一并致谢。你还应感谢那些抽样人群。但致谢要避免使用太轻率和谄媚的话。有时期刊文章中的致谢会被置于报告主体之后作为尾注。

目 录

目录为读者初步呈现研究报告的架构和论题的形成过程，按次序列出章节标题和章节的主要分支，以及其对应的页码。但有时并不要求列出目录，如期刊文章或类似的研究报告。

图表目录

在整个研究报告中，你可能希望用表或图的形式来呈现研究资料。比如，量化分析中需要用表格形式来报告分析结果。图表的位置也需要分别列出。

绪　论

绪论应描述调查对象、研究目的和选择此项研究的原因。在绪论中，你应尽可能提供一些选择这一论题的学术理由以及特定的个人原因。你应总结自己将如何处理所选论题，更重要的是如何着手和解释（尤其是术语需要阐明）你的研究问题/研究假设、次要问题和目标，包括定义关键术语和概念。

最后，简要地提及所撰写的章节以表述你的研究目的，将有利于展示自己的计划。如 Creswell（1994）所说的，你千万不能忽略或隐藏你的目的陈述。目的陈述可以建立研究的方向和强调研究希望达到的目标。通常，你可以用“本研究的目的是……”来开始这一陈述。对于量化的目的陈述，Creswell 认为应包括：

- 研究中将要用到的理论或模型。
- 特定的研究设计（横断研究、实验研究等）。
- 待检验的变量以及变量间的关系（由自变量开始，接下来是因变量）。
- 分析单位或调查样本。

Creswell 认为质性研究应包括：

- 要使用那些能够传达研究中发掘新知识的词汇，如发展、理解等，而不是检验或测量。
- 明确陈述和定义所研究的中心概念和思想。
- 描述采用的研究设计和数据收集方法，如包括参与观察等的民族志设计。
- 确定分析单位，例如背景、组织、群体等。

文献回顾

绪论之后，大部分研究报告还包括一个或更多章节，来探究与你的问题或假设某种程度明显相关的文献中的理论、论据和结果（参阅第五章）。正如我们所讨论过的，文献回顾不应仅仅是所有文献的罗列，而应是对现有研究的批判性评价，你应清晰表明你的研究是如何产生于或与这些文献相关的。如 Veal（2006，第 133 页）所认为的，“文献回顾应为研究项目总结结论和意义”。因此，在你的报告中，比如文献回顾结尾处，写出其他研究人员的结论及其对你的研究的影响，这也是不错的做法。在文献回顾中还应产生你的研究目标，你需要清晰的陈述这些目标是如何形成的。文献回顾的常见错误是罗列或总结现有文献，然后总结出无关于文献的研究目标。你应确保文献回顾与研究目标有紧密的关联。

研究方法

文献回顾应依据你的研究目标而设定，而方法论应概述这些目标如何实现。尽管方法论部分篇幅较短，却对整个研究项目十分关键。你应探讨研究方法的所属领域，所选方法论的合理性以及对数据收集方式的解释。通常方法论部分或章节包括如下。

- **概述方法论假设**。你可能希望证明自己的认识论立场，如采用质性数据而不是量化数据。不过你无须对许多实证主义方法的本质或质性数据的大体特征进行基础描述。
- **研究设计**。解释你对研究设计的选择，讲明将在何时收集什么数据。
- **方法**。你应描述对方法的选择和概述设计的相关问题，如邮寄问卷，应包括什么问题，为什么？如果你选择采用现有问卷或访谈计划，那么也需解释原因。依据报告性质，你可能也需叙述预试或预调查的具体程序。
- **样本**。本部分还应包括样本的细节，抽样方式以及抽样方法的缺陷。
- **程序**。描述研究如何进行，如问卷是寄达参与者还是直接发放，对于填写问卷是否给予什么指导等。
- **分析方法**。你应概述你的分析方法，如描述所使用的统计检验方法以及证明其适用性。

■ **方法论的评估**。你也可以强调方法论的优缺点以及向读者讲明其局限性。方法论章节需要以相对短的篇幅写出较多详细内容（通常一万字的学士论文中方法论部分占1500至2000字英文单词）。检验自己是否已经囊括足够细节的黄金法则是：其他研究人员仅通过阅读你的方法论，就可以利用你的数据工具进行同样的研究和获得相似的结果。

研究结果

此处不要简单的报告你所有的结果，而只需报告与你的研究相关的结果。呈现结果时，要考虑如何尽可能清楚地表达研究结果。你可能需要查看过去的研究报告是如何呈现其结果的。数据分析的目的在于针对研究问题，从文献回顾中形成一系列条理清晰、有说服力的解答。因此，你不应呈现那些与研究无关的数据，即使是“有趣的”数据。在以图形呈现数据时要注意，人们很可能会尽可能多的使用图表，在颜色、排版等方面让人印象深刻，然而，事实上，细节最少的图表往往才最清晰易懂。而当只有使用颜色才能使图表更清楚时，你才应考虑使用颜色，不过这种情况并不多见（许多情况下，仅限于使用黑白线条画图，如提交学术期刊）。

讨 论

本章的目的在于依照你的研究目标来讨论研究结果的意义。Berg 和 Latin（2008）识别出了典型讨论的四要素。

（1）重述研究结果。

（2）联系研究结果和理论。

（3）评价研究的局限性。

（4）讨论研究结果的意义。

这一阶段的易犯错误是仅讨论研究结果而不提及其与现有知识的相关性。谨记你的写作基础是这些现有知识，所以需要再次提及这些文献回顾部分概述过的知识。你的研究结果是否获得了文献的支持？结果是否可由文献预测得出？如果答案都是肯定的，那么你的研究又将如何补充现有文献？如果研究结果与你的期望不同，那么有哪些可能的解释理由？你所使用的理论或模型是否适用于你的研究？若不适用，理论或模型的有限程度如何或是你的研究的局限性如何？如果理论或模型有缺陷，那么如何调整才能解释你的研究结果？在讨论这些问题时，要确保讨论建立在自己的观察、分析和文献阅读基础之上。这样你的论证才会结构完备，令人信服。

结论与建议

对结果/文献的讨论将引向下一章，即结论。结论是很重要的部分，却常常得不到足够的重视。重要的是，结论应来自研究结果/讨论，引向与其一致且切合实际的可行建议。你应在结论部分提及所有需要讨论和发展的事务，并使其与前文逻辑对应。结论应包括对主要论据的总结以及不同主题问题的汇集，以完成预定的目标和次级研究问题。本阶段应再次提及最初的研究问题或假设，解释在研究中你对其的讨论程度。你还应说明在研究项目完成后，你认为的研究的局限性以及你会如何改善研究。如果你确实写出了研究存在的局限性，你可能也希望写出研究的优势。

在完成绪论和结论的初稿后，试着放在一起阅读。理想的情况下，读完引言和结论即使不读中间部分也能轻松理解，要知道，绪论为研究问题做准备，结论则提供答案！建议部分通常紧随结论之后，但并不是所有报告皆如此，而是根据研究项目的性质有所差异。实践性研究中通常会包括建议部分，比如研究结果将在产业或教育中具备潜在的应用价值。这时，建议应将结论置于具体、实际的框架中，且建议应仅局限于可行内容。此外，另一种实用的方法是从个人、财物、政治、管理等的实际意义上来考虑建议。

引用文献/参考文献

许多人可能会困惑于引用文献（references）和参考文献（bibliography）的差异，以及是否应将两个清单都列出。事实上，这两个术语常混用，而最低要求常常是附上文中引用的所有引用文献，并以作者姓名的字母顺序进行排列。如果你要同时使用两者（引用文献是在正文中所引用的，参考文献指不一定有引用，但被认为与研究有关），参考文献也可以按照一定的顺序列出。附上后者的优势在于参考文献可以显示你所阅读文献的广度，而引用文献则无此效果。若对格式要求有任何疑问，你应查看你所在机构的相关规定。无论怎样，你都应准确表明你有所引用的文献，详细介绍你的信息来源，并清楚区分哪些观点是自己的，哪些来自他人。

参考资料可以以几种不同格式来呈现，以实用度而言，极力推荐的是哈佛系统（Harvard system）。我们在第五章的文献回顾具体引用部分已对其进行了详细讨论。然而，参考格式的原则是其不应仅应用于文献回顾，而是应用于整个书面研究报告中。

标准引用文献格式——哈佛系统

你很可能需要列出多种不同来源的参考资料清单。在文本中的引用格式应保持一致，如使用（*Johnson1999*）表示借鉴他人观点，但没有逐字照抄，或（*Johnson1999*，第 *213* 页）用于直接引用资料=。在参考文献引用或参考文献参考中，不同信息来源的格式略有差异。最常用的格式列举如下：

书　籍

作者姓．作者名字首字母．出版年份．书名．出版地．出版商。

Coakley, J. (20009) Sport in Society: Issues and Controversies (10th edition), Boston, MA: McGraw – Hill.

期刊文章

作者姓．作者名字首字母．出版年份．文章题目．期刊名．卷号．期号．期刊页码。

Waring, M., Warburton, P. and Coy, M. (2007) 'Observation of Children's Physical Activity Levels in Primary School: Is the School and Ideal setting for Meeting Government Activity Target?', European Physical Activity Review 13(1), 25 – 40.

编撰书籍的章节

作者姓．作者名字首字母．出版年份．章节标题．该卷编辑者姓名．该卷标题．出版地．出版商．章节页码。

Sloan, L. (1979) 'The function and impact of sports for fans', in J. Goldstein (ed.) Sports Games and Play: Social and Psychological Viewpoints, New York, Academic Press, pp. 219 – 62.

网络期刊文章

作者姓和名字首字母．出版年份．文章标题．期刊名．卷号．期号．网址．访问日期。

Wright. K. (*2005*)"对网民的研究：在线调查研究、在线问卷调查编辑软件包和网上问卷服务的优势与劣势，"计算机网络通信杂志，*10*（*3*），文章 *11*，网址：*http://jcmc.indiana.edu/vol10/issue3/wright.html*（访问于 *01/05/09*）。

Wright, K. (2005) 'Researching Internet – based Populations: Advantages and Disadvantages of Online Survey Research, Online Questionnaire Authoring Software Packages, and Web Survery Services', Journal of Computer – Mediated Communication, 10 (3), article 11. Available at http://jcmc.indiana.edu/vol10/issue3/wright.html (accessed 01/05/09).

其他网络资源

作者称呼（若已知）或文章标题．网址．访问日期。

“谁参与大学体育？体育参与的趋势研究”，女子体育基金会，*http://www. womenssportsfoundation. org/Content/Research - Reports/whos - Playing - College - Sports. aspx*（访问日期 *08/09/09*）

‘*Who's Playing College Sports? Trends in Participation*’，*Women's Sport Foundation*，*http://www. womenssportsfoundation. org/Content/Research - Reports/Whos - Playing - College - Sports. aspx*（*accessed 08/09/09*）.

附　录

你应把对论据有额外支持的所有信息附在附录中。但要注意，把你希望别人阅读到的重要信息放入正文中，而不是隐藏在附录中。你可能希望将往来信件的复印件、组织的细节、接触过的人和受访者的细节等囊括其中。你的研究工具，如问卷或访谈计划的复印件也都应囊括在附录之中。

语言和写作风格

研究报告中的语言和风格问题常常被忽视。然而你应该致力于呈现出一个写得完善、易读并且引人入胜的研究报告。以下有四种常见的写作风格。

1. **枯燥客观的风格**。其特点在于以完全客观的角度报告研究内容，没有任何幽默和对研究的热情。这种风格较为难懂，尤其是篇幅较长时，读者很难坚持阅读完整篇报告。尽可能避免这种风格。

2. **非正式风格**。这种风格的研究人员认为他们应与读者聊天，其语言常是非正式的，就像作者在午餐中与朋友介绍自己的研究一样。同样也要避免这种风格。

3. **冗长累赘风格**。有时作者试着模仿其阅读过的较为复杂的文献时或为了利用复杂学术语言以加深读者印象时就会采用这种冗长赘言。在这类报告中，使用普通英语词汇完全可以接受时，它却使用专业术语，五十个词中有十个是为了卖弄而使用。这类报告很难读，读者很难准确知晓研究者究竟在说什么。Holt（1989，第 357 页）列举了一个此类风格的例子："大众化作为对**公众指命**的否定，其中道德主体作为需要表达和升华的联系主体已被组合的、去升华的模式取代。（Massification as the negation of publics designates that moral inter－subjectivity as a process of need expression and sublimation is replaced by corporatized，desalinating modes）"谨记写作是为了达意（express），而不是为了卖弄（impress）。

4. **雅致风格**。你应致力于追求这种风格，它处于枯燥和非正式之间，以可读、有趣的方式呈现。在必要时，才会谨慎使用专业术语。这种风格常常能够传达研究人员自己的热情，创造有趣的学术阅读。

评价研究报告

在你的报告被他人如验收人评估或报告之前，你自己批判性的评价报告内容很重要。这是很耗时的任务，你应给自己留出尽可能多的时间，尤其是你可能发现明显错误或需要大量重写。你要尽量满足你用到的所有研究方法的相关标准，如量化研究，你是否已探讨其信效度、代表性和推广性？质性研究你是否已讨论了其中的概念，可信度、严密性、可靠性和真实性？这些内容都需贯穿于整个报告之中，而不仅是方法论段落。在阅读报告时要批判性的质问这些内容。你是否给予了考虑？你是否向读者说明了这些所需特点？

除此之外，你还应自问如下许多关于内容的具体问题。

准备阶段

- 摘要是否讲清楚了报告中都包括什么内容？是否讲清楚了你的研究目标，所用方法论和主要结论？
- 目录的框架如何？是否清晰展示了报告包括的内容？必要时，你是否囊括了图表目录？

- 引言中你是否充分介绍了你的研究？
- 你是否得意于自己为读者设置好了情景？研究报告的基本依据是什么？你是否明确标清了？
- 你是否定义了关键概念？

焦点和证明

- 你有清晰的焦点吗？你在研究报告中的定义和所涵盖的内容是否紧密相关，还是缺乏直接相关性甚或离题？
- 你有构架明确且适当的研究问题或假设吗？这些研究问题或假设是否能引出一系列明确又相关的次要问题或次要目标？

对文献的使用

- 如果有人询问你研究报告的要点是什么，或主要研究结果是什么，你能轻松的在报告中指给他们吗？
- 读者为什么要读你的文章，具有哪些可读性？
- 你的问题或焦点是否有理论支持？你所采用的理论或模型是否清晰？
- 你的参考文献的更新程度如何？是否包括了你所在领域的最新研究？
- 你是否查明和掌握了你所在领域重要作者的信息？你是否确保对经典资料给予了足够的重视？
- 你是否利用了多样的资料还是过于依靠某些作者的资料？报告是否包括了相对抗的理论或观点还是仅选择支持你的假设的文献？
- 你是否向读者解释清楚了你的文章如何与曾做过的研究相关，如何建立在已有文献基础上的？
- 你在文献回顾中是否仅有识别和描述而无真正的边界？你是否进行了充分的分析？
- 你对论题和具体焦点相关文献的研究是否充分？

- 你是否查阅了所有可能的资料？

方法论

- 你是否清晰陈述和解释了自己对研究设计的选择？
- 你所选的研究方法最适合于你的假设或研究问题，或次要问题与目标吗？
- 如果你没有采用原始数据收集方法，则二手资料的分析有何重要性？还是仅对现有文献的概述？你是否评估了使用二手资料的局限性？
- 是否清晰讲明调查对象是谁？调查对象属于哪一总体？他们是如何被挑选的？
- 你是否解释了收集数据方法的理论基础？是已有的理论工具吗？谁创的？你为何选择这一理论工具？你是否向读者解释清楚了为何你的研究方法是最适合研究问题的？
- 你是否对数据收集工具进行了预试？预试的结果是什么？你是否在撰写时报告了预试？
- 你是否做了假设？你知道自己研究方法中的具体操作，读者知道吗？你是否提供了充足的细节清楚解释自己的做法？其他人基于你所提供的信息是否能重复你的研究？
- 你是否明确陈述了你的方法论的优势？是否有劣势？你是否会有不同做法？

讨论和结论

- 你已清晰呈现了你的研究结果吗？你是否为量化数据的描述性和推论性分析制作表格？
- 其中的图形和图表等是否合适？每个表的内容是否清晰？每个表与研究目标的关系是否清晰？
- 你如何分析自己的研究结果？如果是量化分析，你采用了哪些统计检验？你确定这些检验正确吗？你对结果的解释正确吗？对于质性分析，你所表现出的对数据的分析是系统的吗？

■ 在讨论中，你是否适当的呼应文献并将研究结果与文献相关联？还是仅仅讨论了你的研究发现？

■ 你的论据是否连贯、有条理并且周全？它们与所收集的证据一致吗？

■ 你的结论清晰地来自所收集的证据和对证据的讨论吗？你是否也提及了未预料到的或与所选理论或模型矛盾的证据？

■ 你是否重返到研究问题或假设？

■ 你评价研究了吗，指出研究项目的优势和局限性了吗？

■ 你是否基于研究结果提出了建议？建议是否实际可行？

研究报告的整体呈现

■ 研究报告内容完善并且构建符合逻辑吗？

■ 报告的呈现完整吗？字体、页边距、双倍行距等是否符合机构标准？

■ 你是否使用了支撑材料，如图表、表格、插图等来加强报告的呈现？

■ 你是否通过仔细阅读来减少错误拼写、排版错误、语法错误和句子结构问题？

■ 你的写作时态是否恰当？写作是否太不正式了？

■ 你是否使用第一人称而不是更适合的第三人称？

■ 你的观点表达如何？你所写的内容是否合理？

■ 你是否将各个章节相互联系，利用标识帮助读者？在引言中，你是否组织清楚你的意图了？

■ 你是否遵循了参考文献引用或参考文献参考格式所要求的细节？

■ 你是否指出了所有使用的资料，并指明哪些表达的是你自己的观点，哪些是他人的观点？

■ 你是否恰当使用了附录？是否有一些不必要的附录内容？

■ 你是否能确保你的报告尽可能激发读者灵感且引人入胜？你是否

在整个研究项目中向读者传达了你的热情?

研究的口头陈述

你有可能被要求为你的研究做口头陈述答辩，通常被称为答辩（viva voce）。这在本科水平比较罕见，通常是对更高学位研究者的要求，如博士。或者，你可能被要求为研究做简短的口头报告（这常是回答研究中受到真实性质疑部分的有效方式）。

论文答辩

准备这类审查的难点在于，无从准确预测将会被问到哪些问题。最好的忠告是你要彻底了解自己的研究。

你应可以预测到某些问题，如研究的主要结果，并准备这些问题。如果你被问及无法直接回答的问题，那么停下来仔细考虑你的答案而不要直接开始回答。必要时写下问题，向评委确认你对他们提问的理解是否正确。如果你确实无法回答问题，也不要惊慌。他们并不期望你对所有问题都有完美的答案。你要把这类问题抛到脑后，然后关注剩下的答辩。谨记，一个答不出的问题并不会导致不及格。

常见的答辩问题

以下是一些常见的答辩问题。当然，这并不能包括所有问题，要对预料之外的或不常见的问题有心理准备。

- 你为何要研究这个论题?
- 研究对本领域知识有何贡献?
- 你所做的重要研究决定都有哪些?
- 这些决定的基础是什么?
- 如何选择关注哪些理论?
- 如何决定采用某种方法论方法?
- 研究中最有趣的研究结果是什么? 最出乎意料的研究结果是什么?

- 如果重做研究，你会有哪些不同的做法？
- 从研究中你有何学习收获？

口头报告

另一种口头陈述的方式是在小群观众前进行口头报告。并不是所有观众都读过了你的研究，并且你可能要面对不同专业水平的观众。这类口头报告通常很短，需要充分的排练。在准备期间你要注意避免一些常见的口头报告问题：

在幻灯片上放置过多细节。要抓住重点。人们常会在幻灯片上放置很多细节，然后仅是简单的大声阅读幻灯片。抓住基本要点可以避免这种情况，并保持与听众的眼神交流。

使用难以阅读的材料。确保你的字体足够大，清晰可见（如 Arial 字体比 Times New Roman 更适合幻灯片展示）。如果不确定采用何种字体，那么宁可谨慎小心也别犯错，至少使用 24 号字体，避免使用复杂的模型或图表。如果确要包含这类材料，那么可以改为发放讲义。

幻灯片过多。如果要陈述 10 分钟，那么要控制在 10 到 15 张即可。你要提前练习以核对时间，尤其是对于那些并不提醒时间快到了，而是直接卡停的机构。

你可能希望采用以下框架来陈述研究：

幻灯片 1：绪论，主要目的和目标。
幻灯片 2：简要列出理论方法。
幻灯片 3：方法论的主要特点。
幻灯片 4：重要结果。
幻灯片 5：2 至 3 个讨论重点。

你将发现使用 5 张幻灯片，每张幻灯片上 2 至 3 个重点就足够了，前提是你能自如地谈论你自己的研究。

本章小结

1. 撰写报告在研究中要花费大量时间和精力，所以确保自己认真对待。

2. 撰写报告要比想象花费的时间更多。通常在达到满意之前，你要进过多次写作和修改过程。

3. 研究报告并没有单一的可接受的框架。通常本科论文要遵循摘要、致谢、目录、图表目录、绪论、文献回顾、方法论、结果、讨论、结论和建议、参考文献引用和/或参考文献参考以及附录。

4. 注意你的写作风格。避免过于不正式、枯燥或专业术语过多。

5. 撰写报告时，你应自我批判，不断留意提高报告内容。

关于你的研究项目

在允许的情况下，你应保留一份所属机构的标准。认真批判性地对照标准评估你的表现。查明哪些是你满意的，哪些是你无法确定的。识别你研究的优劣势，以及哪些可以弥补？如果缺点是文献不足、结构不佳等，那么你应解决问题，重新来操作。找同事阅读你的研究报告，并询问他们的意见？他们通常能够看到你没有发现的问题，因为你阅读某篇文章多次以后，就很难读进文中所有内容了。

延伸阅读

Weyers, J. and MacMillan, K. (2009) How to Write Dissertations and Research Projects, Upper Saddle River, NJ: Prentice – Hall.

第十五章　实际问题

本章主要内容：

- 概述学生可能会进行的各种类型的研究。
- 描述在研究项目初始阶段应考虑的问题。
- 当寻求协助研究时你需要注意的问题。
- 探讨导师或指导教师在研究项目中的角色。

引　言

本章专为取得学位而进行研究的学生而设计，比如本科期间的毕业论文。如果你符合这种情况，那么这个研究很可能是你进行的第一个正式研究。本章将重点介绍开始研究之前需要考虑的具体问题。

学生研究的类型

学生研究分为多种形式，并依据课程性质或就读的院校差异而需遵循不同的要求。本部分仅对这些问题进行概述，你应确保在开始研究之前认真阅读所在院校的相关规定。粗略来分，学生研究可分为两类：第一、一段学习结束时进行的研究，通常是本科或硕士水平研究。这类水平的研究被称为学业论文（dissertation）。学业论文，使得学生有机会就某一特定论题进行深入研究，综合各种课程知识达到对某一兴趣领域的深入探讨。学业论文给予学生表现自己技术、知识和能力的空间，促使其以创新的方式发现自己的兴趣领域。学业论文还行使了将不同课程知识整合在一起的功能，检验和锻炼了学生完成详细研究的能力。

其他类型的毕业授予以完成研究报告作为依据，这类毕业论文称为“thesis”，附带有研究答辩，由两位或多位该研究领域的专家担任答辩委员。这种研究通常是在研究型硕士（M. Phil.）或博士阶段（Ph. D 或 D. Phil.）进行的。这种培养项目的目标自然是更高级的，其项目标准要求学生按照要求完成研究训练课程，在33个月或更长时间的全日制学习中严格地对一个论题进行调查评价和研究，以求研究成果对该领域有所贡献，且最终呈现出令人满意的研究论文。

无论何种水平的研究论文，都是专业培养的重要部分。因为它可以使你发展重要的、可迁移的综合技能，并在论文中展示这种技巧的使用。这些技巧包括如下：

- 展示对体育相关研究某特定领域核心知识库的熟悉。
- 寻求、描述和解释体育相关研究某特定领域信息。
- 利用初级和次级资料完成信息检索。
- 利用恰当技巧分析数据。
- 独自操作和使用适当的信息技术资源。
- 能够有效切题地与他人通过文章进行沟通。
- 能够准确将既有研究工具或方法应用于清晰界定的问题中，并且做出适当的结论。
- 完成一项综合性研究项目，在其中表现出对主题相关词汇的掌握以及应用多种适用的写作表达技巧。
- 确定行动计划并有效执行。
- 有效管理实践以达到预期目标。
- 利用书面论文或口头报告形式有效传达观点。
- 针对复杂问题提出富有创造力且切实可行的方法。

因此，通过进行研究，你可以向潜在雇主展示你掌握了大量的研究技能，而在别处是无法掌握同样程度的研究技能的。你要记住，与教学课程相比，雇主更关注于你的研究项目，如学位论文或毕业论文。

初期注意问题

无论你所学课程属于哪种专业领域，无疑你都需要尽早以书面或口头形式展示你的研究项目提案，以及同时突出介绍可能会遇到的问题。你要谨记研究的时间和资源是有限的，不良的计划只会导致后期研究的困难。在此阶段你可以参考表格 15　1，依此标准评估你要进行的项目。

一篇好的学生研究具有哪些特征?

能够辨识导致研究良莠的因素是一项需要培养的重要能力。首先，这使你能够评估他人的研究成果。其次，你可以评估自己的研究。最后，开始研究之前知晓他人将如何评估你的研究成果也相当重要。尽管评判研究有一些常见的方面，我们将会随后介绍，但是你所在机构、组织等可能有一些具体要求，你也应尽早熟知这些。通常说，你需要评估以下三个方面。

表 15－1　计划阶段的考虑标准

研究论题:
■ 太宽泛
■ 不现实——你能得到你所需的合作吗?
■ 与你的课程专业不相关
背景:
■ 没有理论背景
■ 你将使用哪些理论或模型?
■ 你已经明确概念了吗?
■ 你将如何测量这些概念?
■ 你需要指出一两个重要作者
研究设计:
■ 你将使用何种设计?

续表

■ 你将收集哪种数据？
■ 你计划使用何种方法？ ■ 你需要证明你的方法论 抽样： ■ 谁将成为样本？ ■ 你需要多大的样本量？ ■ 你将如何选择样本？ ■ 你确定自己能够获得接触样本的渠道吗？ 一般条件： ■ 你已经获得所需的协助或渠道了吗？ ■ 你具备进行研究所需的相关技能吗？

1. 你对现有知识的理解，现有观点的应用以及从相关文献中形成的研究问题都应基于逻辑推论和理性思考。

2. 使用恰当的方法论收集有效可靠的数据来回答研究问题。

3. 基于数据推出合理的结论。

原创性和推广性

通过形成新理论、新方法等对人类知识做出贡献也是一些研究项目（如硕士或博士水平）的要求。

本科水平不需做出如此贡献，其要求的“原创性”程度最小（尽管你应该旨于在某方面使你的项目具有“原创性”，如在第四章提到过的方面）。在许多情况下，确使你的研究项目超越于实际操作的情境范围也是一个好主意。只要确保你的研究具有理论基础，那么就不会很复杂。因为理论可以解释和预测特定现象、行为和发生事件等，你的理论应可以应用于其他情境。因此，你不能过于关注你的研究结果怎样应用于其他具体情境中。比如，你对裁判压力感兴趣，你不应花费过多时间考虑你的结果可以或将不可以应用到其他运动项目的裁判中。相反，我们建议你最好思考你的研究结果如何描述、发展或应用于调整某个理论。然后，将理论应用到其他情境中则是其他人（或者你自己以后）的任务了。

研究的时间框架

你还需考虑研究的时间框架。以我们的经验来看，学生常会低估完成一项研究所需的时间，能够现实的估计时间是很重要的。以以下活动为例来说：

- 利用在线数据库定位相关文献。这看似是持续不断没有终结的任务。你需要一整天时间来查找具体项目领域的文献。随后的订阅（比如从大英图书馆订阅）可能长达两个星期，在此之前，你甚至没有机会瞥一眼重要文献。
- 阅读单篇期刊文章。阅读这类文章将花费至少一个小时，尤其是最初形成自己对研究论题的理解阶段，有时甚至需要奋战三个小时以上来理解一篇文章。
- 设计最初的调查问卷或访谈计划。一份好的问卷或访谈需要耗费相当长的时间，即使是在完全理解了所研究对象的概念之后。
- 预试初问卷。这可能需要花费好几个星期。要注意，问卷的回应取决于调查对象的决定，而这需要你多次提醒。
- 操作邮寄问卷。即使采用预先设计好的问卷，你也需要将问卷邮寄给你的调查对象（需要数日）。他们完成问卷后（多达两周），寄回给你（又需数日）。而对于在第一轮没有寄回问卷的人，你需要重复这一过程（又是两周至三周）。
- 写出访谈内容。即使你是熟练的打字员，对于一小时的访谈录音，你也需要五个小时来转录。如果录音不清晰或背景音杂乱，你常常需要更多时间。
- 将一百份问卷调查结果键入到统计分析软件包中。很明显，这一任务的所耗时间取决于问卷的长度和复杂性，而通常你需要好几天来完成。

这些只是研究项目中的部分活动，你还需尽量为其他能够想到的研究项目活动安排时间，以确保在允许的时间范围内能够达到目标。

获取协助与渠道

完成明确、可行的研究方案只是研究的一部分。研究过程中，通常你还需要与体育相关机构，如球队、学校、体育组织、当地权威等沟通渠道。研究早期即建立良好的关系是对你非常有益的，可使整个研究过程更简单。但需要考虑三个问题。

1. 你需要获得哪个组织、学校或球队的接触渠道？
2. 他们提供接触渠道的可能性有多大？
3. 以何种方式接触最佳？

获取渠道的问题很重要，你需要即早考虑，而不是等到完成文献综述和问卷后才发现根本没有渠道接触到你的目标调查对象。

这里我们提出两条建议如下。

1. **现实可行**。你可能认为职业球队非常乐意给球员或支持者分发问卷。但事实上，职业球队、管理机构等常常充满各种来自学生的请求（比如“请为我的毕业论文建议一个研究方向”），所以大多数情况下，你获得积极反馈的机率是很小的。如果你确实需要协助，那么考虑地区的或当地的机构，而不是国家机构。地区或当地的机构更可能对你的研究感兴趣，可能更愿意为你提供协助。

2. **尽早获取合作**。这并不意味着你一旦形成粗略的观点就应直接联系他们。只有你提供以下信息，他们才可能印象深刻：

- 研究背后的基本依据是什么？为什么这个研究重要？

- 研究者具有哪些知识技能来进行这一研究项目？
- 特定机构提供接触渠道将有何受益？
- 将采取何种方法论？需要从哪些人收集哪些数据？
- 研究的时间计划？
- 在提交研究报告之前，组织是否有机会先睹为快？
- 研究完成后，他们是否可以拿到一份副本？
- 如果研究涉及敏感信息，如何确保其保密性？

通常第一步是致电给组织，确定应联系哪位负责人。如果你认识这一组织的某个人员，那么要确定他们是否是处理事情的最佳人选。在这一阶段同时联系几个不同组织增加自己获取渠道的机会也是无害的。

如果一些组织同意提供协助，而你不得不拒绝，那么你应该写信讲明原因并致以感谢。

下一步要做的是给组织内适当的人写信，即使在得到口头同意以后。信中应包括以上提到过的项目信息，尽量在信中提供详细的信息。然后等待书面答复，这时才能确定合作。最后，你应以书面确认你的接受，然后安排下一步工作，通常是与组织面对面的会议。

导师的角色

目前来看，一切任务都是靠自己，想出合适的提案是你的任务，接下来的沉浮也无人问津。幸运的是，事实并不是这样。通常你将会被分派一个导师（或者说是指导教师），他将指导你的整个研究。许多情况下，学生与导师的关系对于研究项目的成功十分关键。达到关系平衡十分重要，比如毕业论文是检验学生独立进行深度研究的能力，但并不是要求你在没有任何协助和帮助下完成任务。不同的学校或研究机构有不同的要求。

关于毕业论文导师及其角色的常见问题

问题：我的导师将做什么？

回答：你的导师将通过对研究中的关键部分进行指导来帮助你完成研

究。你的导师会告诉你是否在正确的轨道上，或者哪些做的不对。不过，你的导师没有义务给你提供研究论题，建议具体的方法论，解释研究结果以及主动与你保持联系。

问题：我应多久见一次导师？

回答：这取决于你和你的导师。经验表明，师生间联系较少或没有联系与研究项目的失败紧密相关。你应尽量至少每两周见一次导师，或者尤其在研究关键阶段应更加频繁。

如果这样存在问题，那么你必须制定一个备用的与导师的见面计划。你应有一个见面议事单，不可以在自己都不清楚状况的情况下就与导师面谈，面对导师却不知自己想讨论什么问题。

问题：与导师讨论哪类事情？

回答：会面的目的各不相同，取决于你的研究所处的阶段。

一旦确定研究问题，定期完成研究写作是不错的方式，这也就形成了会议的焦点。不要期望在会议中，由导师讲述建议、告诉你该怎么做。与他们的讨论和辩论取决于你，由你引导会议。每次与导师见面，你都应有一个目标。你应讨论研究进程，并试图解决阻碍你最大发挥能力的问题。这些问题包括：

- 推荐合适的参考文献。
- 调整项目目标。
- 对研究操作的建议。
- 对研究工具恰当性的建议，如问卷和访谈计划。
- 对研究计划、进度安排以及设定截止日期的建议。
- 讨论理论问题。
- 人际联系问题。

问题：我应该见面当天带着完成的部分，还是在会议之前就发给老师？

回答：通常见面的时间是有限的，因此不要指望当场导师能够给你反馈。所以，你应提早准备好把完成的论文交给导师，以使他有充足时间。所以，在与导师见面前要做好准备工作。

问题：导师要为我完成研究负责吗?

回答：不是。导师是指导者和帮助者，而责任在你是很明确的：对你自己的研究进度负责；与导师保持联系；协商会面频率以达成一致。理想状态是能够有规律的见面。很难达到我们所建议的最佳见面次数，但经验告诉我们不见面或见面次数少与研究项目的失败紧密相关。

不过，你的导师也不希望你常驻他的门口，或替你完成任务。

问题：研究项目也检验了交流等其他能力。导师会检查你初稿中的拼写和与语法错误吗?

回答：不会。他们没有时间检查你的语法错误。你应利用文字处理软件包中的拼写/语法检查软件，或英语熟练的人为你检查。你不能完全依靠拼写检查，因为这无法挑出对单词错误的使用，如 there 与 their。

问题：在我上交最终版本前，导师会为我的单独章节打分吗?

回答：不会。导师准备好看你的初稿和粗略部分，但不会提前打分。要知道，即使你以高标准完成了几个单独章节，也不能确保整个研究得到好分数。各个章节如何连成整体才是重要的。比如你的方法论章节写得具体清晰，但你所选的方法论并不适合达到研究目标，那么这一章的价值就会锐减。还要记住交给导师的研究论文一定要经过文字处理。

问题：研究项目有问题时，导师会告诉我怎么做吗?

回答：导师将帮助你解决问题，而不是直接为你解决问题。解决问题是你的任务之一，导师可能推荐给你阅读材料，推荐你咨询他人或提供解决问题的建议。而你应该充分利用导师，记住，他们等着给你提供帮助呢！但是，师生之间，由于期望不同，可能确实会产生不一致。Phillips 和 Pugh（1994）为学生和老师都提供了有用的建议。他们认为导师期望学生：

- 比学生自己预期的更独立。
- 有规律的进行写作。
- 向他人，而不仅是导师寻求帮助。
- 自觉自主有规律的组织和参加会面。
- 听从会议中提到的意见。
- 诚实的报告进度。
- 热情积极！

他们认为，学生期望导师：

- 积极指导他们。
- 精通研究领域。
- 友好、开放和乐于帮助。
- 阅读和理解学生的写作。
- 有建设性的评论。
- 推荐适合的阅读材料。

因此，师生关系明显是一个双向过程，你应该对此了解和接受。不过，你要记住完成研究项目的责任在学生身上。

学生研究的常见错误

现在提醒你一些研究项目中的常见错误，有助于你在开始之前即有所意识，而不是将要完成研究之时才意识到。尽管以下无法囊括所有问题，但这些是你应该注意，并尽量避免的问题。

- **时间管理不良。**学生常会低估完成研究所需的时间。尽管撰写研究报告相对时间较短，但这与整个研究过程所需时间是不成比例的。到最后时刻才开始着手是很难成功完成研究项目的。

■ **研究问题太宽泛**。如果研究论题太宽泛，便很难足够深的涉猎。你应该集中、现实地对你能够达到的领域进行分析。学生们常会担心焦点集中的文章，其篇幅无法达到学校要求的一万字。事实上，篇幅不成问题。

■ **研究过于描述性**。没有足够的理论内容使你能够分析和解释你的研究结果。你利用哪些理论报告你的研究？如果你不确定，那么你的研究很可能是描述性而不是分析性的。

■ **没有明确表明研究过程**。研究的各个部分应有清楚的联系，如第二章强调的，研究应遵循逻辑过程。最终撰写的报告不应是知识不相关章节的汇集，而应是一个整体。

■ **不基于证据得出结论**。谨记，收集证据回答研究问题，研究通过这个过程增加了知识。

■ **材料有限**。好的研究需要广泛的阅读。不要仅以体育相关图书作为主要信息来源，你还应利用理论学科的教科书，如社会学或市场营销学，以及广泛的期刊文章。

■ **缺乏客观性**。研究依据过多个人观点和轶事证据，缺乏客观。结论并不是基于呈现的证据，而是选择证据来强调作者的某些观点。

■ **拙劣展示**。仓促的写报告常会出现这一问题。研究报告在拼写、语法、标点、排版和整体版面都应是可接受的。如果报告是为某机构而做的，那么要确保其遵循机构的要求，如字数限制、参考文献格式等。

本章小结

1. 作为学生，你可以进行不同目的的研究。有的研究是为了完成本科或硕士的学业，或是获得学位的基础，如硕士学位和博士学位。

2. 在研究中，学生应考虑一些重要问题。你的时间计划可行吗？你具备完成研究所需的资源吗？

3. 获取协助是一个重要问题。这一重要任务需要认真和深思熟虑的操作，并现实地考虑你要选的合作伙伴。

4. 恰当的利用你的导师或指导教师。他们不能为你做研究，但他们能引导你在正确的研究轨道上，为你提供建议。

关于你的研究项目

在确定导师或指导教师后，你应该确保尽早弄清楚你们师生间的相互期望是什么。你希望从导师那儿获得什么？导师对你有何期望？尽早弄明白这些可以预防以后的误会。最好写下相互的期望以在研究项目进行中参考。

延伸阅读

Phillips, E. and Pugh, D(1994). How to get a PhD, Buckinghamshire: Open University Press. Although aimed at Ph. D. students, there is a lot of valuable information of use to the undergraduate researcher, especially at the beginning of a research project.

中英文对照

A

abstract　摘要
access　途径
achievement narrative　成就描述
acknowledgements　致谢
action narrative　行动描述
actual behavior　真实行为
advertisements　广告
aims see objectives　目的见：目标
analysis of variance（ANOVA）　方差分析；reporting　方差分析报告；test　方差分析检验
analytic reflexivity　分析的反身性
analytic agenda　分析日程
anonymity　匿名
anticipatory socialization　预期社会化
appendices　附录
applied research　应用研究
ASSIA　应用社会科学索引与文摘
audit trail　审计跟踪
authenticity　真实性
autobiographies　自传
autoethnography　自传式民族志
axial coding　主轴编码

B

bar charts　柱状图
best fit line　最佳拟合线
bias　偏见；interviews　访谈偏见；questionnaires　问卷偏见；research interviews and　研究访谈和偏见；response rate and　回收率和偏见；sampling and　抽样和偏见
bibliography　参考书目
biographics　自传
BIRGing（basking in reflected glory）　狐假虎威
bivariate statistics　双变量统计
blogs　日志
body language　肢体语言
books　书，as information source　书作为信息来源
brainstorming　头脑风暴
British Humanities Index　英国人文科学文献索引

C

control group 控制组

control 控制,research design and 研究设计与控制

controllable feel 可控感

convenience sampling 便利抽样

core concepts 核心概念

correlation 相关; reporting 相关报告

correlation coefficient 相关系数,reporting 相关系数报告

cost 成本,surveys and 调查与成本

covariation 协变

credibility 确实性; of interviewer 采访者的可信度; of qualitative 质性可信度 research 可信度研究

critical interpretivism 批判解释主义

critical realism 批判现实主义

critical sociology 批判社会学

critical theory 批判理论

cross – sectional design 横断设计

cross – tabulation 列联表

D

data analysis 资料分析; see also 又见: qualitative data analysis 质性资料分析; quantitative data analysis 量化数据分析

data collection 资料收集; choice of method 方法的选择; see also questionnaire survey 又见: 问卷调查; research interviews 研究访谈

data display 资料展示

data recording 资料记录,observation and 观察与资料记录

data reduction 数据简化

data triangulation 数据三角互证

data operationalisation 资料操作化

databases 数据库

deception 欺骗行为

deductive approach 演绎法

degrees of freedom 自由度

dependability 可靠性

dependent variable 因变量

descriptive notes 描述记录

descriptive research 描述性研究

descriptive statistics 描述性统计; measures of central tendency 集中趋势的测量; measures of dispersion 离散测量; presentation 描述性统计呈现; relational measures 关系测量

detailed notes 详细笔记

diaries 日志

disciplinary framework 学科框架

discipline 学科

dissertation 学位论文

E

F

moderating variables　调节变量
multiple regression　多元回归
multivariate statistics　多元统计

N

narrative 叙事 interview　访谈
newspapers as information source　报纸作为信息来源
nominal data　定类数据
nominal scales　定类尺度
non－parametric tests　非参数检验
non－participant observation　非参与观察
non－probability sampling　非概率抽样
non－reactive measures　非反应测量
non－response bias　无应答偏倚
non－spuriousness　非虚假关系
NUD＊IST　一种定性分析软件
null hypothesis　零假设
null hypothesis testing（NHT）　零假设检验
NVivo　一种定性分析软件

O

objectives　客体，research　客体研究；case study　个案研究
observation　观察；advantages；appropriate use　合理使用；data recording　数据记录；disadvantages　观察的劣势；mistakes in　观察中的错误；planning stages　计划步骤；procedure　观察程序
observer effects　观察者效应
obtrusive research　介入性研究
Olympic Games　奥林匹克运动会；Winter　冬季奥林匹克运动会
one－tailed test　单尾检验
online interviews　在线访谈
online questionnaire　在线问卷
ontological authenticity　本体论的真实性
ontological position　本体论地位
ontology　本体论
open coding　开放式编码
open questions　开放式问题；concepts　开放式问题概念
operationalisation of difficult terms　难词的可操作化
opponent　对手；quality of　对手的水平
opportunistic sampling　机会抽样
oral presentation　口头陈述
ordinal data　定序数据
ordinal scales　定序刻度
originality　创新性
outdoor and adventurous activities（OAA）　户外与冒险活动；focus group and　焦点小组和户外冒险活动

P

p - value　P 值
paired samples t - test　成对样本 t 检验; reporting　成对样本 t 检验报告
parametric tests　参数检验
participant observation　参与观察; case study　个案研究
Pearson correlation　皮尔逊相关系数
peer - reviews　同行评审
percentage　百分比
performance　表现; definition　表现的定义; operationalising　可操作化; as variable　可操作化后作为变量
phenomenology　现象学
photographs　照片
planning　计划
planning stage　计划步骤; research　研究计划步骤
plausibility of qualitative research　质性研究的合理性
Pollyanna effect　波丽安娜效应
popular issues　流行问题, as source of research topics　流行问题作为研究主题来源
population　总体
Positivism　实证主义
postal questionnaire　邮寄问卷; time taken　邮寄问卷的耗时
Postpositivism　后实证主义
Pre - code(closed) questions　预编码(封闭性)问题
predictive validity　预测效度
presentation of research　研究陈述; poor　拙劣的研究陈述
primary data　原始资料
primary research　初步研究
private papers　秘密文件
probability　概率, reporting　概率报告
probability value　概率值
probing　探求问题
prominence in text　文本中的显著性
_ProQuest　因特网信息系统,提供多种索摘、全文及全文影像数据库
prospective study　前瞻性研究
provenance table　出处表
PsychoInfo　世界著名的心理学文摘数据库
Public records　公共记录
publishers' web pages　出版社网站
pure research　纯理论研究
purpose statement　目的陈述
purposive sample　立意抽样

Q

qualitative data analysis　质性资料分析; coding　编码; computer analysis and　电脑分析和质性资料分

S

T

time series designs 时间序列设计
timeframe 时间框架
timescale of research 研究中的时间尺度
trade journals as information source 行业杂志
triangulation 三角互证
trust 信任，interview/ informant 访谈/受访者
trustworthiness 可靠性
truthfulness of qualitative research 质性研究的真实性
tutor(supervisor) 导师；role of 导师的角色；as source of research topics 导师作为研究论题的来源
two – stage survey design 两步调查设计
two – tailed test 双尾检验
type Ⅰ errors Ⅰ型错误
type Ⅱ errors Ⅱ型错误
typical cases of theory 典型理论案例

U

uncontrollable feel 不可控感
unit of analysis 分析单位
United Kingdom Quality Assurance (QAA) 英国高等教育质量保障体系
unobtrusive methods 非介入性方法；advantages 非介入性方法的优势；disadvantages 非介入性方法的劣势
unstructured interview 非结构式访谈

V

valid consent 有效同意
validity 效度；codes 效度编码；ethnographic study 民族志研究；relationship between reliability and 信度与效度的关系；of research 研究的效度；of research interviews 研究访谈的效度；of scales 效度量表；of study 效度研究
variable 变量
verification 证实
verisimilitude of data 数据的真实性
vertical thread 垂直线索
video recording 录像记录
visualization 可视化
viva voce 答辩
voluntary participation (volunteering) 自愿参与

W

web sites 网站，assessing 评估网站
Wikipedia 维基百科
Wilcoxon Signed rank test 威尔科克森符号秩和检验；reporting 报告

within – interview triangulation 访谈间三角互证

women 妇女；socialization into sport 走进体育的妇女社会化

writing style 写作风格；dry and objective style 客观枯燥的风格；elegant style 简洁明快风格；informal style 非正式风格；long – winded style 冗长风格

Z

Zetoc 英国图书馆期刊论文和会议文献电子全文数据库